천국시민의 기쁨

바울이 빌립보교회에 보낸 메시지

목차

추천사 송영목 교수 · 6

　　　　김관성 목사 · 8

서　문 변성규 목사 · 10

1부 그리스도의 종, 바울의 기쁨
(빌립보서 1장 1절 – 2장 11절)

1. 그리스도 예수의 종(1:1~2) · 14

2. 인사와 축복(1:1~2) · 20

3. 감사와 기쁨(1:3~8) · 26

4. 바울의 기도(1:9~11) · 32

5. 바울의 매임과 복음전파의 진전(1:12~14) · 38

6. 전파되는 것은 그리스도니(1:15~18) · 44

7. 바울의 간절한 기대와 소망(1:19~21) · 50

8. 바울의 열망보다 더 유익한 것(1:22~26) · 56

9. 그리스도의 복음에 합당하게 생활하라(1:27~30) · 62

10. 하나 되라(2:1~4) · 68

11. 그리스도 예수의 겸손(2:5~11) · 74

2부 그리스도인의 삶, 은혜와 평강
(빌립보서 2장 12절 – 4장 23절)

12. 너희 구원을 이루라(2:12~13) · 82

13. 원망과 시비가 없이 하라(2:14~16) · 88

14. 우리는 세상과 달라야 한다(2:14~16) · 94

15. 세상에서 빛들로 나타내라(2:15~18) · 100

16. 디모데 같은 사람(2:19~24) · 106

17. 에바브로디도 같은 사람 1(2:23~25) · 112

18. 에바브로디도 같은 사람 2(2:26~30) · 118

19. 주 안에서 기뻐하라(3:1) · 124

20. 삼가라(3:1~2) · 130

21. 성령으로 예배하라(3:1~3) · 136

22. 그리스도 예수로 자랑하라(3:1~3) · 142

23. 육체를 신뢰하지 말라(3:1~3) · 148

24. 그리스도인의 삶(3:4~8) · 154

25. 하나님께로부터 난 의(3:7~9) · 160

26. 바울의 위대한 열망(3:10~11) · 166

27. 푯대를 향하여 달려가자(3:12~14) · 172

28. 믿음과 행위(3:15~16) · 178

29. 나를 본받으라(3:17~19) · 184

30. 우리의 시민권(3:20~21) · 190

31. 주안에서 하나 되라(4:1~3) · 196

32. 그리스도인의 기쁨(4:4) · 202

33. 관용을 알게 하라(4:5) · 208

34. 하나님의 평강(4:6~7) · 212

35. 온전한 삶(4:8~9) · 218

36. 자족하기를 배우라(4:10~13) · 224

37. 굉장한 진술(4:13) · 230

38. 바울의 감사(4:14~18) · 236

39. 나의 하나님(4:19~20) · 242

40. 성도의 교제(4:21~22) · 248

41. 주 예수 그리스도의 은혜(4:23) · 254

추천사

송영목 교수(고신대 신학과)

빌립보서는 빌립보교회는 물론 우리에게도 예수 그리스도 안에서 기뻐할 것을 명령합니다. 변성규 목사님께서 은혜와평강교회에서 행하신 빌립보서 설교문을 출간하셔서 축하드립니다. 설교는 신약 본문의 세계와 회중의 상황을 연결할 수 있는 능숙한 실력을 요청합니다. 그리고 힘 있는 설교마다 회중을 사랑하는 목자의 심장 박동이 있습니다. 본서를 통해, 변성규 목사님은 이런 실력과 심장 박동을 갖추고 있음을 볼 수 있습니다.

많은 이유가 있지만, 다음 사항들로 인해 독자들에게 이 책을 추천합니다.
첫째, 선교 여행을 마치고 로마에 감금된 사도 바울과 그리스 마케도니아의 빌립보교회의 상황을 관련 신약 본문들에 비추어 선명하게 해설합니다.

둘째, 명사 '사랑'과 '유익'과 같은 단어를 헬라어 의미와 용례에 근거하여 잘 밝힙니다.

셋째, 설교문의 필체는 따뜻한 목자의 음성처럼 현대 독자들에게 위로와 소망과 용기를 불어넣습니다.

넷째, 본 설교문에는 여러 도전에 직면한 교회를 건강하게 세우려는 열망이 담겨 있습니다.

다섯째, 단락마다 21세기 현대 독자가 빌립보서의 내용을 잘 적용하도록 실제적으로 안내합니다.

개인과 사회가 슬픔과 한숨을 짓는 시기이지만 본서를 통해 영원한 기쁨을 다시 발견하고 누리시기 바랍니다.

추천사

김관성 목사(낮은담교회)

이 책은 헬라어 문법서를 들고 강의실 문을 드나들던 한 목회자의 길고 단단한 사색의 열매입니다. 동시에, 눈물로 교회를 세우고 사람을 길러낸 한 목회자의 간절한 기도의 흔적이기도 합니다.

빌립보서는 기쁨의 서신이라 불리지만, 사실 감옥 안에서 쓰인 편지입니다. 바울이 그랬듯, 저자 역시 오랜 세월 세상의 어둠 속에서 복음의 언어로 살아온 이입니다. 그는 문법보다 생명을 가르쳤고, 해석보다 순종을 강조해 왔습니다. 이 책을 통해 우리는 복음이 단지 이해의 대상이 아니라 살아내야 할 삶의 자리임을 다시금 깨닫게 됩니다.

요즘 책들은 참 잘 쓰입니다. 깔끔하고 세련되며 교양 있게 다가옵니다. 그러나 웬일인지 감동은 없습니다. 반면, 이 책은 다릅니다. 불편할 만큼 솔직하고, 고요할 만큼 묵직합니다. 대학에서, 강단에서, 그리고 골방의 기도 자리에서 복음 하나 붙잡고 살아온 이만이 할 수 있는 말들이 담겨 있습니다. 이 책에는 그런 말이 있습니다.

이 책은 그저 설교가 아닙니다. 그렇다고 단순한 주석도 아닙니다. 이 책은 저자가 평생 복음 앞에서 '그럼에도 불구하고'를 견뎌낸 사람으로서, 오늘을 살아가는 우리에게 '이 길이 맞다'고 조용히, 그러나 확고하게 들려주는 증언입니다.

저는 이 책을 말씀을 전하는 이들뿐만 아니라, 말씀 앞에 서 있는 모든 이들에게 기쁘게 추천합니다. 이 책은 단순한 교훈이 아니라, 함께 울고 함께 웃을 수 있는 한 사람을 만나는 일이기 때문입니다.

서문

　제가 두 번째로 개척한 은혜와평강교회에서 처음으로 마태복음을 3년에 걸쳐 설교했고, 그것을 책으로 엮어서 '천국시민헌장', '예수님과 그 나라'라는 두 권의 설교집으로 출판을 했습니다. 감사하게도 많은 분들이 애독을 해 주셔서 뒤이어 설교한 야고보서 설교집도 용기 내어 출판했습니다. 야고보서는 마태복음 설교를 마친 뒤에 이어서 설교하고 싶은 성경이었습니다. 이 땅에 오신 하나님의 아들이신 예수님이 천국시민헌장을 발표하시고, 천국의 가치관을 말씀하셨습니다. 그러한 예수님을 믿지 못했던 육신의 동생 야고보가 성경을 썼을 때 '과연 뭐라고 썼을까?' 굉장히 궁금했습니다. 형님인 예수님이 말씀하신 기독교적 가치관을 제대로 이해했는지가 궁금했습니다. 그렇게 해서 출판한 야고보서 설교집이 '천국시민의 삶'이었습니다.

　야고보서를 설교한 뒤에는 어떤 책을 설교할까를 고민하며 택한 책이 빌립보서입니다. 사도 바울은 과연 예수님의 천국가치관을 어떻게 이해하고 천국시민에게 뭐라고 말하고 있는가를 살피고 싶었습니다. 빌립보교회는 주후 50년경 바울의 제2차 선교여행 중 유럽에 최초로 세워진 교회입니다. 이 교회는 경건한 여성도인 루디아와 간수 집안이 모태가 되었고, 교회의 구성원 대부분은 이방인이었습니다. 빌립보교회는 바울과 친밀한 관계를 유지했고 바울의 선교사역을 도운 교회였습니다.

감옥이라는 극단적인 환경 속에 있으면서도 빌립보 성도들을 향해 "기뻐하라"라고 외친 메시지로 인해 빌립보서를 '기쁨의 서신'이라 부릅니다. 당시 세계를 지배하던 '로마제국'을 향해 바울이 외친 예수님의 '십자가의 복음'은 세상적 관점에서 보면 상대가 되지 않는 외침입니다. 또한 '십자가의 복음'은 당시 세상 사람들이 도무지 이해할 수 없는 천국가치관입니다. 예수님의 산상수훈을 잘 이해하지 못했던 갈릴리 사람들처럼 이방인들도 바울의 "주 안에 기뻐하라"라는 복음을 이해하지 못했을 것입니다. 천국가치관을 제대로 이해하는 사람은 땅 위에서의 삶이 어렵더라도 주안에서 기뻐할 수 있을 것입니다.

출판을 기꺼이 허락해주신 고신언론사에 감사를 드립니다. 또한 추천의 글을 써 주신 송영목 교수님과 김관성 목사님께 감사드립니다. 문지환 목사님은 이번에도 이 책의 교정을 보며 설교 마지막에 '생각해 봅시다'를 추가해 주었습니다. 이 책을 출판하게 된 출판의 기쁨을 은혜와평강교회 성도들과 함께 하고 싶습니다. 할아버지가 목회하는 작은 개척교회에 매주일 와서 예배드리며 효도하는 선우, 은우 그리고 준우와도 기쁨을 함께하고 싶습니다.

2025년 7월

변성규 목사

1부
그리스도의 종, 바울의 기쁨

빌립보서 1장 1절 – 2장 11절

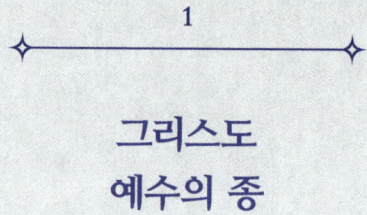

그리스도 예수의 종

빌립보서 1장 1~2절

"1. 그리스도 예수의 종 바울과 디모데는 그리스도 예수 안에서 빌립보에 사는 모든 성도와 또한 감독들과 집사들에게 편지하노니 2. 하나님 우리 아버지와 주 예수 그리스도로부터 은혜와 평강이 너희에게 있을지어다."

빌립보서는 장으로는 4장, 절로는 104절로 구성된 비교적 짧은 서신입니다. 한글개역성경은 수신지명을 반영하여 '빌립보서'로 명명했으나, 헬라어 원전의 제목은 'ΠΡΟΣ ΦΙΛΙΠΠΗΣΙΟΥΣ'(프로스 필립페시우스)로, 이는 '빌립보 사람들에게'라는 뜻입니다. 이 서신은 에베소서, 골로새서, 빌레몬서 등과 함께 바울의 옥중서신으로 분류되며, 기록 시기는 바울이 로마 감옥에 처음 투옥되었던 A.D. 62~63년경으로 추정됩니다. 수신자는 바울이 제2차 선교여행 시 마게도냐 지방에서 처음으로 세운 빌립보교회의 성도들입니다. 이 서신은 성도들이 일상생활 속에서 마주하는 가장 보편적인 주제들을 원칙적인 관점에서 다룹니다.

빌립보서는 한 폭의 아름다운 수채화처럼 독자의 마음을 신선하게 합니다. 독자들은 이 서신을 통해 복음 사역자와 그 사역의 대상인 성도들이 복음 안에서 얼마나 아름다운 교제와 연합의 관계를 맺을 수 있는지를 발견할 수 있습니다. 옥중에서 이 서신을 기록한 바울의 마음은 기쁨으로 가득 차 있었으며, 그 기쁨은 서신의 수신자인 빌립보 성도들에게도 전달됐습니다. 이 서신을 읽고 묵상하는 현대의 독자들에게도 바울의 환경을 초월한 기쁨은 예외 없이 전달될 것입니다. 이 때문에 이 서신은 흔히 '기쁨의 서신'이라고 불립니다.

1. 발신자(發信者)인 바울은 자신을 '그리스도 예수의 종'(δοῦλοι Χριστοῦ Ἰησοῦ, 둘로이 크리스투 예수)이라고 소개합니다.

당시 편지의 형식에 따라 발신자가 먼저 등장합니다. 1절에서는 "그리스도 예수의 종 바울과 디모데는"이라고 하여 발신자가 바울과 디모데 두 사람으로 보일 수 있습니다. 그러나 디모데는 이 편지를 쓸 당시 바울과 함께 있었을 뿐, 편지 작성에는 참여하지 않았습니다. 이는 3절부터 바울이 일인칭 '나'로 글을 이어가는 점에서도 분명히 드러납니다. 따라서 보다 정확히 표현하자면 '그리스도 예수의 종인 나 바울은 디모데와 더불어'라고 할 수 있습니다.

바울은 자신을 '사도'라기보다 '그리스도 예수의 종'이라고 소개합니다.
1) 이는 빌립보교회와 바울이 매우 친밀하고 정다운 관계를 맺고 있었기 때문입니다. 빌립보 성도들 가운데 바울의 권위는 확고했기에 굳이 사도라는 직분을 내세울 필요가 없었습니다. 반면, 바울의 권위와 교리가 위협받고 있던 갈라디아교회에 보낸 서신에서는 서두부터 자신의 사도됨을 강하게 밝히고 있습니다.

> "사람에게서 난 것도 아니요, 사람으로 말미암은 것도 아니요, 오직 예수 그리스도와 그를 죽은 자 가운데서 살리신 하나님 아버지로 말미암아 사도 된 바울은"(갈 1:1).

2) 또한 바울은 당시 로마 감옥에 갇혀 있었습니다. 로마 황제 가이사의 죄수로 얽매인 종처럼 보일 수도 있었으나 그는 자신을 가이사의 종이 아니라 '그리스도 예수의 종'이라 선언하며 이를 과감히 부정합니다.
바울은 복음을 위해 일하다 로마의 죄수가 되었지만 불평하기는커녕 오히려 그리스도 예수의 종으로서 봉사하는 자세를 보여줍니다. 그는 종의 모습을 택하시고 십자가에 이르기까지 복종하신 그리스도에 의해 구속된 자였으며, 그리스도의 뜻에 순종하고 봉사하는 자로서의 종이었습니다. 우리는 지금 누구의 종입니까? 혹시 세상의 종은 아닙니까?

3) 수신자인 빌립보교회 성도들(τοῖς ἁγίοις, 토이스 하기오이스) 역시 '그리스도 예수 안에서'(ἐν Χριστῷ Ἰησοῦ, 엔 크리스토 예수)의 성도들입니다. 빌립보 성도들이 성도가 된 것은 그들 자신의 노력이나 공로가 아니라 오직 그리스도 예수 안에 있음으로 가능하게 된 것입니다. 새로운 피조물이 되고 성도가 되는 것은 그리스도 안에 있을 때에만 누릴 수 있는 특권입니다(고후 5:17).

2. 바울이 로마 감옥에 있다는 것은 우연이 아닙니다.

1) 바울은 오래전부터 "로마도 보아야 하리라"(행 19:11)는 결의에 찬 꿈을 품고 있었습니다. 이 꿈은 하늘로부터 받은 것이며(행 23:11), 복음 전파를 향한 바울의 열망과도 일치합니다.

> "그러므로 나는 할 수 있는 대로 로마에 있는 너희에게도 복음 전하기를 원하노라"(롬 1:15).

우리는 바울이 가졌던 복음 전파의 열망 대신 이기적인 야망을 품고 있지는 않은지 돌아보아야 합니다.

2) 바울은 단순히 꿈과 열망에 머무르지 않고, 이를 실현하기 위해 체계적인 교리를 담은 로마서를 써 보내며 철저히 준비했습니다. 꿈과 열망은 있지만 구체적인 계획과 준비가 없다면 그것은 뜬구름에 불과합니다.

3) 바울은 결정적인 순간 가이사에게 상소함으로써 로마로 가는 기회를 포착했습니다(행 25:11). 누가는 사도행전에서 바울의 로마 방문을 강조하며, 이를 통해 "땅 끝까지 이르러 내 증인이 되리라"는 주님의 약속이 성취되었음을 보여줍니다. 바울은 자신의 역경에도 개의치 않고, 오직 주님이 주신 사명을 완수하기 위해 목숨을 걸고 헌신했습니다.

3. 바울의 로마 도착은 기독교 역사에서 하나의 중요한 전환점입니다.

이는 보이는 힘으로 세계를 지배하던 로마제국(Roman Empire)과 보이지 않는 힘으로 세계를 변화시키던 기독교 복음(the Gospel)이 만난 사건이었습니다. 로마제국은 세계를 호령하는 홀과 왕관의 모습을 띠었고, 복음은 쇠고랑을 찬 죄수의 모습으로 나타났습니다. 그러나 역사는 황제의 홀이 쇠고랑 앞에, 왕관이 십자가 앞에 무릎 꿇었음을 보여줍니다.

교회가 십자가의 길을 걷지 않고 세상의 방식을 따르게 되면 외형적으로는 승리하는 것처럼 보여도 결국 실패하고 맙니다. 바울은 철저히 십자가의 길을 걸으며 사람의 지혜를 이기고, 하나님의 약한 것으로 사람들의 세력을 이기는 길을 택했습니다. 그 결과, 세상이 보기에 나약한 '죄수'의 '쇠고랑'으로 로마제국의 '왕관'을 무릎 꿇게 했습니다.

우리도 바울처럼 세상을 향하여 '그리스도 예수의 종'으로 담대히 나아갑시다. 보이는 세상을 두려워하지 말고, 보이지 않는 하나님의 위대한 힘을 바라보며 용기를 냅시다. 그리하여 세상을 변화시키는 멋진 복음의 용사가 됩시다.

생각해 봅시다

1. 나를 소개할 때 '그리스도의 종'이라는 정체성을 당당히 드러내고 계신가요?
2. 바울처럼 영적 동역자를 찾는다면 누구와 어떤 사역을 함께하고 싶으신가요?
3. 교회가 아닌 세상에서도 복음을 효과적으로 전하려면 어떤 변화가 필요할까요?

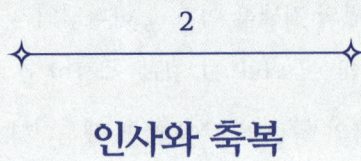

인사와 축복

빌립보서 1장 1~2절

"1. 그리스도 예수의 종 바울과 디모데는 그리스도 예수 안에서 빌립보에 사는 모든 성도와 또한 감독들과 집사들에게 편지하노니 2. 하나님 우리 아버지와 주 예수 그리스도로부터 은혜와 평강이 너희에게 있을지어다."

알렉산더 대왕의 부친 필립 2세는 B.C. 359년에 마케도니아 왕위에 올랐습니다. 당시 마케도니아의 영토는 그리스, 알바니아, 유고슬라비아 일부를 포함하는 보잘것없이 작은 영역에 불과했습니다. 이에 필립 2세는 영토 확장을 목표로 군대를 현대화하기 시작했습니다. 그는 군사들을 긴 창으로 무장시키고, 기병대를 조직적으로 편성하는 등 혁신을 도모했습니다. 이러한 군대 현대화에는 막대한 비용이 들었고, 이를 충당하기 위해 필립은 마케도니아 인접 금광지대인 크레니데스를 병합했습니다. 이후 그는 이 지역을 확장하고 자신의 이름을 따서 '빌립보'라 명명했습니다.

필립 2세가 시작한 영토 확장 정책은 그의 아들 알렉산더에 의해 계승되었고, 이후 훨씬 대규모로 전개됐습니다. 알렉산더의 정복 활동이 가져온 결과는 실로 막대했습니다. 만일 필립 2세와 알렉산더가 동방으로 진출하지 않았다면 바울과 그가 선포한 복음이 서방세계로 전해질 수 없었을 것입니다. 이는 이 정복자들이 헬라어로 통일된 단일 세계를 구축함으로써 여러 지역에 복음을 효과적으로 전파할 수 있는 기반을 마련했기 때문입니다.

1. 빌립보교회

바울은 제2차 선교여행 중 예루살렘에서 동행한 실라와 루스드라에서 선교 동역자로 선택한 디모데, 그리고 드로아에서 합류한 누가를 데리고 빌립보를 방문했습니다.

바울이 빌립보에서 복음을 전한 결과, 여러 사람이 복음을 받아들였지만 특히 세 사람이 주목됩니다. 먼저 '루디아'는 아시아 출신의 부유한 상인으로, 동양의 신비 종교에서 유대교로 개종한 사람이었습니다. '점치는 여종'은 헬라인 출신의 천시 받던 노예로, 헬라신화에서 영감을 받는 피디아 신의 이름을 빌려 점을 치던 자였습니다. '간수'는 로마 출신으로 로마 정부의 하급 관리였으며, 일종의 정치적 신을 믿던 사람이었습니다.

이 세 사람은 각기 다른 배경과 신앙을 가졌지만 이들을 통해 기독교의 핵심 진리가 반영됩니다. 이는 기독교가 다양한 인종과 계층을 아우르는 통합적 신앙임을 보여줍니다.

"너희는 유대인이나 헬라인이나 종이나 자유인이나 남자나 여자나 다 그리스도 예수 안에서 하나이니라"(갈 3:28).

이런 사람들이 모여 설립된 빌립보교회는 바울과 친밀한 관계를 유지하며 성장했습니다. 바울이 로마 감옥에 갇혀 있던 시기, 빌립보교회는 에바브로디도를 통해 헌금을 보내 바울에게 격려와 지원을 아끼지 않았습니다. 바울은 이에 감사하는 마음으로 이 서신을 작성했습니다.

2. 모든 성도와 감독들과 집사들

1) 모든 성도
바울은 특정 이름난 인물들만을 염두에 두지 않았습니다. 그는 교회 내의 파벌과 불필요한 분쟁을 책망하며 대신 모든 성도를 위해 기도하고

(1:4), 사랑하며(1:7), 사모했습니다(1:8). 그는 모든 성도와 함께 소망을 나누었고(1:25), 그들 모두에게 문안했습니다(4:21).

2) 감독들과 집사들

빌립보교회가 바울에게 헌금을 보낼 때, 이들은 교회를 대표하여 헌금 전달에 앞장섰습니다. 바울은 이들의 지도자적 위치를 특별히 인정하며, 교회가 이들을 중심으로 그리스도 안에서 하나가 되라는 메시지를 전했습니다. 흥미로운 점은 '감독들과 집사들'이라는 두 용어가 한 구절에서 동시에 언급된 유일한 사례라는 것입니다. 오늘날에도 교회 이름이 알려질 때 목사와 장로가 나더라도 이해하십시오. 결국은 온 성도들의 연합된 사역을 통해 이름이 나는 것입니다.

3. 축복

> "은혜와 평강이 너희에게 있을지어다"
> (χάρις ὑμῖν καί εἰρήνη, 카리스 휘민 카이 에이레네).

이 축복의 형식은 바울서신에서 자주 등장합니다. 당시 헬라와 로마에서 일반적으로 사용되던 인사말은 '즐거워함'을 뜻하는 'χαίρειν'(카이레인)이었으나(약 1:1), 바울은 "은혜와 평강"이라는 표현을 선호했습니다. 그는 사도로서 성도들을 축복하고 선언한 것입니다.

1) 은혜

은혜는 하나님의 인자하심으로, 인간의 행위나 공로를 전혀 고려하지 않고 주어지는 하나님의 주권적인 선물입니다. 세상의 은혜는 반대급부를 기대하거나 제한적이지만 하나님의 은혜는 계산되지 않은 무한한 것입니다.

2) 평강

은혜가 하나님의 무조건적 사랑을 강조한다면 평강은 예수 그리스도를 통해 하나님과 화해된 삶에서 오는 영적 조화와 안정, 그리고 건강함을 나타냅니다. 결국 하나님의 은혜에서 비롯된 결과가 평강입니다. 세상의 평화는 일시적이고 불완전하고 거짓되지만 주님께서 주시는 평화는 다릅니다. 예수님은 요한복음 14장 27절에서 "평안을 너희에게 끼치노니 곧 나의 평안을 너희에게 주노라. 내가 너희에게 주는 것은 세상이 주는 것 같지 아니하리라"고 말씀하셨습니다.

3) 축복의 근원

이 모든 복은 하나님과 주 예수 그리스도로부터 옵니다. 이보다 더 귀한 축복의 인사말이 있을까요?

우리 교회도 모든 성도가 하나 되어 전진하는 공동체가 되길 소망합니다. 누구도 자신의 이름에 연연하지 않고, 그리스도 안에서 하나 된 아름다운 교회가 되길 바랍니다. 하나님과 주 예수 그리스도로부터 오는 은혜와 평강이 성도 여러분들에게 충만하기를 축복합니다!

생각해 봅시다

1. 공동체 안에서 나누는 인사와 축복이 형식적인 말이 아니라 실제 삶에 힘을 주고 있나요?

2. 내 삶이 역사의 흐름 속에서 하나님이 원하시는 역할을 하고 있다고 생각하시나요?

3. 은혜와 평강이 머무는 삶을 살기 위해 오늘부터 바꿔야 할 습관은 무엇인가요?

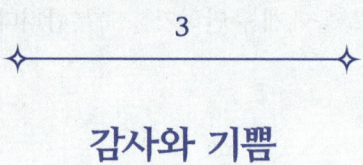

감사와 기쁨

빌립보서 1장 3~8절

"3. 내가 너희를 생각할 때마다 나의 하나님께 감사하며 4. 간구할 때마다 너희 무리를 위하여 기쁨으로 항상 간구함은 5. 너희가 첫날부터 이제까지 복음을 위한 일에 참여하고 있기 때문이라 6. 너희 안에서 착한 일을 시작하신 이가 그리스도 예수의 날까지 이루실 줄을 우리는 확신하노라 7. 내가 너희 무리를 위하여 이와 같이 생각하는 것이 마땅하니 이는 너희가 내 마음에 있음이며 나의 매임과 복음을 변명함과 확정함에 너희가 다 나와 함께 은혜에 참여한 자가 됨이라 8. 내가 예수 그리스도의 심장으로 너희 무리를 얼마나 사모하는지 하나님이 내 증인이시니라."

저는 문방구에 들르는 것을 좋아했습니다. 봉투나 필기구를 사는 일이 즐거웠기 때문입니다. 그러나 요즘은 문방구에 잘 가지 않습니다. 이제는 그것들을 자주 사용하지 않기 때문입니다. 도구란 원래 그렇습니다. 오늘날 인간관계도 예전보다 삭막해졌다고들 합니다. 나와 너의 관계가 마치 도구화된 것처럼 보입니다. 도구는 필요할 때 사용하고, 필요가 없어지면 버리는 법입니다. 이런 삭막한 사회 속에서 오늘 본문은 그리스도 안에서 새로운 천국 사회의 모습을 보여줍니다. 바울과 빌립보 성도들 간에 그리스도 안에서 마음과 마음이 긴밀히 연결된 모습을 통해, 천국 공동체가 어떤 모습인지 엿볼 수 있습니다.

1. 빌립보 성도들을 생각할 때마다 감사하는 바울(3~4절)

성도에게 있어 가장 중요한 말 가운데 하나는 '감사'(Εὐχαριστῶ, 유카리스토)입니다. 바울이 쓴 13권의 서신 중 갈라디아서와 디도서를 제외한 모든 서신에는 친절한 감사의 표현이 포함되어 있습니다. 바울은 "나의 하나님"께 감사하는데, 지금까지의 삶과 빌립보교회가 복음과 자신을 위해 보여준 놀라운 사랑을 생각하며(μνεία, 므네이아) 감사합니다. 이 '생각'이라는 단어는 '기억'이나 '회상'을 의미하며, 바울서신에서만 발견되는 독특한 표현입니다. 이는 바울이 빌립보 성도들과의 과거를 회상하며, 그들이 자신에게 헌금을 보내준 일들을 되새기고 있다는 뜻입니다.

우리도 삶에서 감사할 일들을 찾고 생각해보아야 합니다. 감사는 바울의 '기쁨'(χαρά, 카라)을 더욱 풍성하게 했습니다. 감사는 모든 것이 완벽

하고 부족함이 없어서 하는 것이 아닙니다. 빌립보교회도 문제가 많았지만 감사할 이유가 있었기에 감사하며 기도할 뿐이었습니다. '간구'란 느끼는 결핍을 채우기 위해 드리는 기도입니다. 빌립보교회조차 명백한 영적 결핍이 있었고, 불완전함과 위험도 상존했지만 감사로 드리는 기도는 기쁨의 기도였습니다.

바울이 빌립보 성도들에게 지대한 관심을 가지고 있었음은 분명합니다. 물론 바울이 하루 24시간 내내 빌립보교회를 '생각'하고 '기도'했다는 것은 아닙니다. 그러나 그들을 떠올릴 때마다 감사와 기쁨으로 간구했음은 확실합니다. 나는 다른 사람을 생각하며 감사하고, 기쁨으로 그들을 위해 기도하는 사람입니까?

2. 감사와 기쁨의 이유

1) 직접적인 이유 : 복음 안에서의 교제(5절)

복음(εὐαγγέλιον, 유앙겔리온, 신약에서 76회, 바울이 60회 사용)은 사람을 살리는 구원의 복된 소식입니다. 이 단어는 본래 '좋은 소식'을 의미했지만 바울은 이를 더욱 구체적으로 '사망에서 생명으로 옮겨주는 예수 그리스도의 생명의 소식'으로 사용했습니다. 복음은 단절된 인간관계를 친밀한 관계로 변화시킵니다. 바울과 빌립보교회는 이 복음을 공동 목표로 삼아, 이를 위해 '교제'(κοινωνία, 코이노니아, 개역개정은 '참여'로 번역, 신약에서 19회, 바울이 13회 사용)했던 관계입니다.

빌립보교회의 복음을 위한 교제는 헌금을 보내는 구체적인 행동으로 나타났습니다. 바울은 본문에서 복음 안에서의 넓은 의미의 교제를 말하면서도 특히 자신의 복음 전파 사역을 위해 빌립보교회가 헌금을 보내준 일을 염두에 두고 있습니다.

빌립보교회는 "첫날부터 이제까지" 바울에게 헌금을 보내왔습니다. 바울이 빌립보를 떠나 도착한 데살로니가에서도 복음을 전하는 데 필요한 헌금을 보냈고(빌 4:16), 로마 감옥에 갇힌 바울에게는 에바브로디도를 통해 헌금을 전달했습니다. 에바브로디도는 헌금을 전하는 것에 그치지 않고, 자신의 목숨을 죽을 지경까지 희생해 바울을 도왔습니다(빌 2:27).

또한 빌립보교회는 복음을 위한 교제 가운데 고난에도 동참했습니다(7절). 그들은 바울과 함께 복음을 위해 협력했으며, 바울은 이를 '은혜'라고 표현합니다. 고난도 은혜일 수 있습니까? 바울이 말하는 은혜는 구원의 은혜를 넘어 특별한 임무를 수행하도록 주어진 영적 재능과 능력 등의 특별한 은혜를 포함합니다. 이 은혜는 빌립보교회의 소수만이 아닌 다수가 고난에 동참하고 교회의 짐을 나누어졌기에 더욱 귀중했습니다. 그들은 복음의 가치를 알았기에 은혜로 여기며 동역했던 것입니다.

2) 궁극적인 이유 : 하나님의 역사를 향한 확신(6절)

빌립보 성도들은 하나님께서 그들 마음과 생활 속에서 시작하신 착한 일을 이루실 줄로 확신했습니다. 그들은 하나님의 기쁘신 뜻을 위해 기꺼이 협력했으며, 복음의 진보를 위해 필요한 어떤 일이든 자발적으로 동참했습니다. 이 모든 것은 순전히 하나님의 은혜로 이루어진 것입니다. 하나님께서 우리 안에서 역사를 시작하셨을 때, 우리는 단순히 수동적인 도구로 머물지 않습니다. 인간은 계획을 세우지만 하나님은 그 계획을 이루시는 분입니다. 하나님은 결코 일을 반만 이루시는 분이 아니십니다.

바울이 빌립보 성도들을 향해 감사와 기쁨으로 생각하는 것은 당연합니다. 빌립보 성도들이 바울의 마음에 있었기 때문입니다(7절). 바울은 단순히 그들을 '생각한다'라는 수준을 넘어 그들을 '사모한다'라고 고백합니다(8절). 이는 인간적인 애정이 아니라 '그리스도의 심장'으로 사모한 것입니다. 이는 바울 속에 그리스도가 사시기 때문입니다(갈 2:20).

생각해 봅시다

1. 하루 중 가장 감사했던 일을 기억해보고, 그 일이 하나님과 어떻게 연결되는지 나눠보세요.
2. 지금 기도로 특별히 기억해야 할 사람이 있다면 누구이며, 어떤 기도를 하고 싶으신가요?
3. 복음이 아니었다면 전혀 연결될 수 없었을 누군가와 진정한 관계를 맺고 있나요?

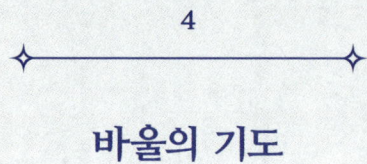

바울의 기도

빌립보서 1장 9~11절

"9. 내가 기도하노라 너희 사랑을 지식과 모든 총명으로 점점 더 풍성하게 하사 10. 너희로 지극히 선한 것을 분별하며 또 진실하여 허물 없이 그리스도의 날까지 이르고 11. 예수 그리스도로 말미암아 의의 열매가 가득하여 하나님의 영광과 찬송이 되기를 원하노라."

빌립보 성도들을 향한 바울의 깊은 관심과 사랑이 본문의 기도에서 잘 드러납니다. "내가 기도하노라"(προσεύχομαι, 프로슈코마이, I pray)는 직설법 현재 시제로 쓰여 있으며, 이는 지속적이고 반복적인 기도의 행위를 의미합니다. 바울은 단순히 한 번 기도한 것이 아니라 항상 그의 마음을 가득 채우고 있는 빌립보 성도들을 위해 끊임없이 기도하고 있었습니다.

1. 너희 사랑이 지식과 총명으로 점점 더 풍성하게 되도록

1) 너희 사랑

바울이 말하는 사랑은 빌립보교회 성도들이 바울에게 헌금을 보내며 구체적으로 표현한 사랑을 포함하지만 그것이 전부는 아닙니다. 헌금은 그들의 사랑 중 극히 일부에 불과합니다. 바울이 언급하는 사랑(ἀγάπη, 아가페)은 빌립보 성도들 속에 자리 잡고 있는 넓은 의미의 사랑을 뜻합니다. 이는 하나님의 사랑에서 비롯된 것이며, 전적으로 그 사랑에 의존하고 있는 사랑입니다. 바울은 성도들이 바로 이 사랑을 본받기를 강조하고 있습니다.

바울이 말하는 사랑은 단순한 감정이 아니라 삼위일체 하나님 안에서 지적인 깊이와 목적을 가진 기쁨이며, 예수 그리스도 안에서 자신을 나타내신 하나님께 대한 감사로 넘쳐, 전 인격을 자발적으로 그분께 드리는 것입니다. 그 결과 하나님의 나라가 확장되고, 그분께 구속받은 모든 성도들의 참된 번영을 깊고 견고하게 사모하게 됩니다. 이러한 사랑의 열망은 사람의 태도(겸손, 친절, 용서)와 말(용기, 성실, 온유), 그리고 행동(자기 부인, 충성)으로 나타납니다. 사랑에 대한 가장 탁월한 설명은 고린도전서 13장에서 확인할 수 있습니다.

2) 점점 더 풍성하게

바울은 단순히 사랑이 시작되기를 기도한 것이 아니라 그들의 사랑이 더욱 성장하여 충만한 상태에 이르기를 기도했습니다. 사랑에도 깊이와 풍성함의 정도가 있다는 점을 강조하고 있습니다. "점점 더 풍성하게 하사"는 원어로 '더욱 그리고 더욱'(μᾶλλον καὶ μᾶλλον, 말론 카이 말론)인데, 바울이 이 표현을 반복적으로 사용한 것은 사랑이 단순히 존재하는 것에 그치지 않고 넘치도록 자라나기를 바라는 마음을 담기 위함입니다.

"풍성하게 하사"(περισσεύῃ, 페릿슈에)는 가정법 현재 시제로 쓰였는데, 이는 지속적인 성장을 암시합니다. 이 단어는 신약성경에서 39회 사용되었으며, 그중 바울이 26회 사용했습니다. 이 단어는 복음이 가져온 결과를 함축적으로 나타내는 표현이라 할 수 있습니다.

바울은 빌립보 성도들의 사랑이 계속해서 성장하고 넘쳐흐르기를 기도하고 있습니다. 사랑이 있는 것으로 만족하지 말고, 사랑이 더욱 성장하도록 기도해야 합니다. 세상에 사랑이 없는 사람이 어디 있겠습니까? 다만 어떤 이는 사랑이 부족할 뿐입니다.

3) 지식과 모든 총명으로

'지식'(ἐπίγνωσις, 에피그노시스)은 단순한 지식을 의미하는 것이 아니라 더욱 깊고 진보된 지식을 뜻합니다. 이는 참되고 온전하며, 영적으로 고상한 지식을 의미합니다. 이 지식은 사랑의 목적과 방향을 가르쳐주는 역할을 합니다.

'총명'(αἴσθησις, 이이스테시스)은 감각적으로 꿰뚫어 보는 통찰력과 분별력을 의미합니다. 이는 서로 다른 여러 가지 복잡한 요소들 속에서 올바른 선택을 할 수 있는 능력을 뜻합니다. 유대인들은 올바른 지식 없이 열정만 앞선 나머지, 하나님의 의를 저버리고 자신들의 의를 세우는 데 몰두했습니다. 사랑이 있으나 분별력이 없는 사람은 지나치게 열심과 열광을 드러내고 말 것입니다. 설령 그 동기가 선하고 의도가 훌륭하다 할지라도 결국에는 유익을 주기보다는 해를 끼칠 수도 있습니다.

2. 지극히 선한 것을 분별하며, 진실하여 허물없이 그리스도의 날까지 이르고

1) 지극히 선한 것을 분별하며

이는 단순히 선과 악을 분별하는 것이 아닙니다(δοκιμάζω, 도키마조). 여기서 말하는 것은 선한 것들 중에서도 더욱 탁월한 것을 분별하는 것을 의미합니다. 다시 말해, 참으로 귀하고 실천할 가치가 있는 것을 분별하는 것입니다. 사랑은 되는대로, 대충하는 것이 아닙니다.

2) 진실하여 허물없이 그리스도의 날까지 이르고

'진실함'은 섞이지 않고 더럽혀지지 않은 순수한 도덕적 순결을 의미합니다. '허물 없음'이란 사람이 넘어지지 않고, 즉 장애물에 걸려 다치지 않으며, 목적지까지 도달하는 것을 비유적으로 표현한 것입니다.

"그리스도의 날까지 이르고"라는 표현은 단순히 그날이 될 때까지 이루어지는 것을 의미하는 것이 아닙니다. 이는 그날 이후에도 지속될 뿐만 아니라, 궁극적으로 '그리스도의 날을 위하여' 살아가야 함을 의미합니다. 이러한 구절은 기독교 윤리가 추구해야 할 방향성과 그 진지성을 잘 보여줍니다.

3. 예수 그리스도로 말미암아 의의 열매가 가득하여 하나님의 영광과 찬송이 되기를

1) 의의 열매

바울은 빌립보 성도들이 마음과 생활 속에서 풍성한 열매를 맺기를 기도했습니다. 그는 그 열매들을 통해 하나님께서 기뻐하시는 풍성한 영적 수확을 거두기를 기도했습니다.

'의'(δικαιοσύνη, 디카이오쉬네)는 '하나님의 뜻과 합치되는 것'을 의미하며, 하나님을 기쁘시게 하는 바른 행위를 포함합니다. 따라서 '의의 열매'란 하나님과 성도들 사이에 올바른 관계를 맺음으로써 맺어지는 열매입니다. 하나님의 도움 없이 인간의 노력만으로 이런 열매를 맺을 수는 없습니다. 그러므로 바울은 이 열매가 '예수 그리스도로 말미암아' 맺어지는 것임을 강조합니다. 이는 요한복음 15장 5절에서 "나를 떠나서는 너희가 아무것도 할 수 없음이라"는 예수님의 말씀과 일맥상통합니다. 물론 이것이 사람의 노력이 불필요하다는 뜻은 아닙니다.

2) 하나님의 영광과 찬송

바울은 빌립보교회가 하나님의 능력과 은혜가 역사하고 있음을 깨닫기를 바랐습니다. 또한 빌립보 성도들의 삶이 하나님의 능력과 은혜의 증거가 되어, 이방인들도 이를 보고 하나님께 영광을 돌리기를 기도했습니다.

하늘로부터 내려온 열매들은 결국 그 신선한 향기를 다시 하늘로 되돌려 보내야 합니다. 인간의 궁극적인 목적은 "하나님을 영화롭게 하고, 영원히 그분을 즐거워하는 것"입니다. 하나님께서는 반드시 영광을 받으셔야 합니다(습 3:17).

감옥에 갇힌 바울이 감옥 밖 성도들을 위해 기도하고 있습니다. 이것이야말로 복이며 은혜입니다. 우리도 바울처럼 성도들을 위해 사랑과 기쁨을 담아 기도합시다. 알찬 내용을 담아 기도하고, 사랑과 분별력, 그리고 의의 열매를 위해 기도합시다. 다른 사람에 대한 관심과 사랑이 있어야 기도할 수 있습니다. 그리고 하나님을 향한 관심이 있을 때 더욱 진실한 기도가 가능해집니다.

생각해 봅시다

1. 사랑을 더 풍성하게 키우기 위해 오늘 나는 무엇을 해야 할까요?
2. 삶의 중요한 결정을 할 때 무엇을 기준으로 '더 탁월한 것'을 선택하시나요?
3. 최근 내가 맺은 의의 열매는 진정으로 하나님께 영광이 되는 것이었나요?

5

바울의 매임과 복음전파의 진전

빌립보서 1장 12~14절

"12. 형제들아 내가 당한 일이 도리어 복음 전파에 진전이 된 줄을 너희가 알기를 원하노라 13. 이러므로 나의 매임이 그리스도 안에서 모든 시위대 안과 그 밖의 모든 사람에게 나타났으니 14. 형제 중 다수가 나의 매임으로 말미암아 주 안에서 신뢰함으로 겁 없이 하나님의 말씀을 더욱 담대히 전하게 되었느니라."

감옥에 갇힌 바울은 감사와 기쁨을 말하고 있습니다. 그는 매우 낙천적인 죄수였습니다. 그러나 바울의 편지를 받은 성도들은 바울처럼 낙천적인 태도를 취할 수 없었습니다. 빌립보교회는 근심에 빠져 있었습니다. '바울이 정죄될 것인가? 아니면 석방될 것인가?' 성도들은 애타는 마음으로 말합니다. '참 안됐군! 복음을 전하다가 갇히다니.' 그러나 바울은 그들과 다른 생각을 가지고 있었습니다. 그는 본문부터 26절까지 자신의 상황과 심경을 솔직하게 전하며, 이를 하나의 간증으로 기록하고 있습니다.

1. 복음전파의 진전(12절)

1) 형제 의식

바울은 빌립보 성도들을 '형제들아'(ἀδελφοί, 아델포이)라고 부릅니다. 이는 혈연이 아니라 믿음으로 하나님의 가족이 된 성도들을 향한 표현입니다. 그들은 하나님의 뜻을 행하는 같은 목적을 가진 자들이며, 사랑으로 하나가 된 공동체였습니다. 이러한 가족 의식은 예수님의 말씀과도 일맥상통합니다.

> "누구든지 하나님의 뜻대로 행하는 자가 내 형제요 자매요 어머니니라"(막 3:35).

여러분에게도 이러한 신앙 안에서의 가족 의식이 있습니까?

2) 최대의 관심은 복음전파

빌립보 성도들은 바울이 처한 상황을 굉장히 궁금해했지만 바울은 '나의 당한 일'이라고 짧게 언급하며 자신의 형편을 길게 설명하지 않았습니다. 그는 지하 땅굴 감옥에 갇혀 있었는지, 전세방에 가택 연금을 당하고 있었는지 구체적으로 밝히지 않았지만 자유가 제한되고 불편한 상황에 놓여 있었음은 분명합니다. 보통 사람이라면 이런 환경에서 어떻게 행동하겠습니까? '하나님, 왜 저를 이런 상황에 내버려두십니까? 왜 즉시 구해주지 않으십니까?' 이렇게 원망하며 주변 사람들에게 불평을 쏟아놓았을지도 모릅니다. 그러나 바울의 최대 관심사는 자신의 안위가 아니었습니다. 그는 오히려 "도리어 복음 전파의 진전이 됐다"라고 말합니다. 이는 선교의 거장이 할 수 있는 말입니다.

우리도 복음의 거장과 함께 이렇게 말해봅시다. '복음이 전해진다면, 교회에 덕이 된다면, 하나님께 영광이 된다면!' 바울이 갇혔다는 소식은 사람들에게 복음 전파의 길이 막혔다는 인상을 주었을 것입니다. 선교팀의 중심이었던 바울이 갇혔으니, 남은 사역자들은 복음이 위축될 것을 염려했을 것입니다.

우리는 흔히 인간적으로 불행한 일을 당하면 그것이 하나님의 영광을 가리는 일이라고 속단하는 경향이 있습니다. 물론 그런 경우도 있습니다. 구약에서는 축복과 복음 전파가 연결되는 경우가 많았습니다. 그러나 바울은 이러한 통념을 완전히 뒤집고 있습니다. 그는 "도리어"(μᾶλλον, 말론)라는 부사를 사용하여, 복음의 진전(προκοπήν, 프로코펜)이 이루어졌다고 말합니다. '진전'이라는 단어는 군대가 길을 개척하여 진군하는 것을 의미합니다. 마치 보병부대가 진격할 때, 공병부대가 먼저 나아가 다리를 놓고 장애물을 제거하여 길을 여는 것과 같습니다.

바울은 자신의 투옥이 복음의 장애물이 아니라, 오히려 복음 전파의 새로운 길을 개척하는 역할을 했다고 말하고 있습니다. 복음 전파자는 갇힐 수 있지만 하나님의 말씀은 결코 갇힐 수 없습니다. 요셉도 형제들의 미움을 받아 노예로 팔려가고 감옥에 갇혔지만 결국 하나님의 섭리로 온 가족을 구원하고 이스라엘 민족을 이루는 일에 쓰임 받았습니다.

우리는 종종 남들에게 돋보일 만한 외적 조건을 하나님께 구합니다. 그러한 조건을 통해 하나님의 능력을 드러내고, 하나님의 영광을 나타내고 싶어 합니다. 좋습니다. 그러나 하나님은 때로 우리의 기대와는 정반대의 방법으로 역사하시기도 합니다.

2. 복음 전파의 진전의 증거

1) 바울의 매임이 그리스도와 관련된 것으로 드러남(13절)

바울은 감옥에 갇혀 있었지만 그의 말과 행동, 그리고 인격이 그를 지켜보는 자들에게 깊은 감화를 주었을 것입니다. 처음에는 경멸적인 태도로 바울을 대했을 수도 있지만 시간이 흐르면서 바울의 삶과 메시지에 관심을 갖게 되었을 것입니다. 바울과 면회자들의 대화, 재판석에서의 변론, 그리고 간수들과의 틈틈이 나눈 이야기들을 통해 복음이 전해졌을 것입니다. 그래서 바울은 자신의 매임이 '그리스도 안에서'(ἐν Χριστῷ, 엔 크리스토) 모든 사람에게 알려졌다고 말합니다.

이 소식은 간수들에게서 간수들에게로, 또 그들의 가족들에게로, 그리고 마침내 가이사의 집까지 퍼져갔습니다. 바울의 투옥은 단순한 개인적 사건이 아니라 로마사회에서 화제의 중심이 되었고, 그리스도에 대한 논의가 활발해지는 계기가 됐습니다. 이는 복음 전파의 진전이 이루어졌다는 명확한 증거입니다. 바울이 감옥에 갇힌 이유는 '그리스도 때문'이었기 때문입니다. 그의 삶 속에 있는 '그리스도의 향기'와 '그리스도를 아는 냄새'는 어떤 역경 속에서도 사라질 수 없었습니다.

오늘날 우리의 삶의 쟁점은 무엇입니까? 우리는 우리의 삶을 통해 그리스도가 드러나고 있습니까?

2) 바울의 매임이 로마의 그리스도인들에게 미친 영향(14절)

'형제 중 다수'는 로마에 있는 성도들 중 다수를 가리킵니다. 몇 년 전 그들이 이곳에 로마교회를 세웠고, 바울은 이 교회를 향해 유명한 로마서를 썼습니다. 바울이 감옥에 갇혔다는 소식을 들었을 때, 처음에는 두려움이 있었을 것입니다. 그러나 시간이 지나면서 많은 성도들이 바울의 모습을 보고 용기를 얻었습니다. 물론 여전히 일부 성도들은 비겁함과 무관심에 빠져 복음을 전하지 않았을 수도 있습니다. 하지만 다수는 담대히 복음을 전하게 됐습니다. 나는 어느 부류에 속해 있습니까?

"주 안에서 신뢰하므로"라는 표현은, 성도들이 바울이 역경 속에서도 주님 안에서 안전하게 보호받는 것을 보면서 주님을 더욱 신뢰하게 되었음을 의미합니다. 나의 역경 속에서 내가 주 안에서 바르게 행함으로 인해, 다른 형제들이 나를 통해 주님을 신뢰하게 만들어야 합니다. 혹시 나 때문에 다른 성도들이 흔들리는 것은 아닙니까? "겁 없이"라는 표현은 주님을 신뢰할 때 용기가 생긴다는 것을 의미합니다. 나는 다른 성도들에게 용기를 주는 사람입니까?

현재 나의 상태와 상황을 지나치게 두려워하지 맙시다. 우리가 그리스도 안에 있는지를 먼저 점검해야 합니다. 그리고 우리의 상태와 상황 속에서 그리스도가 드러나고, 복음이 전파되도록 해야 합니다. 그렇게 될 때, 다른 성도들도 우리를 보고 힘을 얻을 것입니다. 하나님은 이런 사람을 사용하시길 기뻐하십니다. 그리고 이 시대의 주인공으로 세우십니다.

 생각해 봅시다

1. 나의 어려움이 실제로 복음 전파의 기회가 될 수 있다고 믿으시나요?
2. 예기치 못한 어려움을 당할 때 그것을 복음의 진전으로 연결하기 위해 어떤 태도가 필요할까요?
3. 나의 믿음과 태도가 주변 사람들에게 담대한 용기를 주고 있나요?

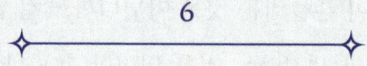

전파되는 것은 그리스도니

빌립보서 1장 15~18절

"15. 어떤 이들은 투기와 분쟁으로, 어떤 이들은 착한 뜻으로 그리스도를 전파하나니 16. 이들은 내가 복음을 변증하기 위하여 세우심을 받은 줄 알고 사랑으로 하나 17. 그들은 나의 매임에 괴로움을 더하게 할 줄로 생각하여 순수하지 못하게 다툼으로 그리스도를 전파하느니라 18. 그러면 무엇이냐 겉치레로 하나 참으로 하나 무슨 방도로 하든지 전파되는 것은 그리스도니 이로써 나는 기뻐하고 또한 기뻐하리라."

바울은 자신의 매임이 오히려 복음 전파의 진전을 가져왔다는 감격스러운 사실을 말한 바 있습니다. 그러나 오늘 본문에서는 로마에서 복음을 전하는 자들 가운데 선한 의도를 가진 자들이 있는 반면, 그렇지 않은 자들도 있음을 밝히며 그들의 상반된 복음 전파의 동기와 태도를 언급합니다. 이러한 새로운 단락을 시작하는 15절에는 한글 성경에는 번역되지 않은 접속사 'καὶ'(카이)가 나옵니다. 이는 '심지어'라고 번역할 수 있습니다.

1. 바울과 경쟁하는 동기로 복음을 전하는 자들

1) 바울이 감옥에 있으면서도 주님을 신뢰함을 보고 함께 담대히 복음을 전함

그런데 그들 중에 '투기와 분쟁'과 '다툼'으로 복음을 전하는 자들이 있었습니다. '다툼'(17절, ἐριθείας, 에리테이아스, contention)은 '당파심'(partisanship), '이기주의', '이기적 야망'으로 번역하는 것이 적절합니다. 이는 복음을 전하면서도 자기중심적인 동기를 가진 것을 뜻합니다. 그리스도를 전하고 주의 일을 하는 가운데, 자신의 이기적인 왕국을 확장하려는 마음에서 복음을 전하는 것입니다. 이러한 '이기적인 야망'이 다른 사람들과의 관계에서는 '투기와 분쟁'으로 나타납니다. '투기'(15절, φθόνον, 프토논)는 '시기' 또는 '질투'를 뜻하며, 다른 사람이 나보다 더 잘할 때 그에 필적하려는 마음과 함께 상대를 끌어내리려는 마음까지 포함합니다. 이는 다른 사람이 자신의 이기적인 왕국을 위협한다고 생각할 때 속에서 시기하는 것을 의미합니다. '분쟁'(ἔριν, 에린)은 '언쟁' 또는 '다툼'을 뜻하며, 자기의 이기적인 왕국을 방해한다고 여겨지는 사람과 밖으로 다투는 것을 의미합니다.

로마의 일부 성도들은 바울과 경쟁하는 태도를 가지고, 자신의 '이기적인 야망'을 채우는 데 바울이 방해가 된다고 생각하고 속으로 투기하고 밖으로 다투면서 복음을 전했습니다.

2) 로마에 이미 있는 교회의 일꾼들

바울이 로마에 도착하기 전에 형제들 중에는 이미 탁월한 지위, 명예, 존경을 얻은 사람들이 있었습니다. 그런데 바울의 도착과 함께 그의 이름이 온 시중에 퍼지면서, 그들이 유지하던 지위가 흔들리기 시작했음을 쉽게 이해할 수 있습니다.

3) 그들은 '바울의 매임에 괴로움을 더하게 할 줄로 생각하여' 순전치 못하게 복음 전함

어떤 방식으로 괴로움을 더했겠습니까? 정확하게 꼬집어 말하기는 어렵습니다. 아마도 '당신이 그리스도를 잘 믿는다면 왜 감옥에 갇혔으며 또 왜 석방되지 않고 있는가? 전능하신 주님이 구하지 않느냐?'

이것은 복음 전파자들과 주의 일을 하는 자들에게도 무서운 이기주의가 있을 수 있다는 경고를 발하는 말씀입니다. 특별히 교회에서도 이런 일이 심할 수 있는 것은 가장 거룩하고 보람된 일에 가장 교묘한 사탄의 책동이 있을 수 있다는 것을 보여줍니다.

2. 바울을 사랑하는 동기로 복음을 전하는 자들

이들은 착한 뜻(15절)과 사랑(16절)과 참으로(18절) 복음을 전하는 자들입니다. 이들의 동기는 순수하며, 그들의 복음 전파는 바울에게 강한 용기를 주고, 그리스도의 복음이 더욱 진전되게 합니다. 이들의 착하고 순수한 뜻의 본질은 바울이 복음을 변증하기 위해 세우심을 받은 줄 알았기 때문입니다(16절). 그들은 바울이 하나님께 위임받아 사역하는 자임을 인정하고 있었으며, 그의 권위를 시기하지 않았습니다. 그가 하나님께로부터 받은 큰 은사나 많은 사람으로부터 받고 있는 존경에 대하여도 질투하지 않았습니다. 그리스도를 사랑했고, 그리스도의 일꾼인 바울을 사랑하여 복음을 전하는 것이 그들의 순수한 동기가 됐습니다(16절). 여러분은 순수한 마음으로 복음을 전하고 있습니까? 복음 사역자들을 인정하고 사랑하며, 격려하고 있습니까?

3. 바울의 태도

1) 그리스도가 전파되는 것으로 인하여 기뻐함

이기적인 동기로 복음을 전한다고 할 때, 그 동기는 분명히 잘못된 것입니다. 바울이 이를 몰랐을 리 없습니다. 그러나 본문에서 바울은 복음을 전하는 자들의 동기의 타당성 여부를 따지는 것이 아니라 복음이 전파되는 것 자체를 강조합니다. 바울이 빌립보교회를 위해 기도할 때 '지극히 선한 것을 분별하도록' 기도했는데(10절), 그는 지금 이 상황 속에서 스스로 지극히 선한 것을 분별하고 있습니다.

"그러면 무엇이냐"(18절)는 '그것은 문제가 되지 않는다' 또는 '그것이 내게 무슨 상관이 있는가?'라는 의미입니다. 따라서 바울은 불순한 동기로 인해 자신을 괴롭히는 이들에 대해 개의치 않고 오히려 그리스도가 전파되는 것을 기뻐한다고 말하고 있습니다. 다행히 그들은 잘못된 교리나 거짓된 영을 전하는 것이 아니었습니다. 그들은 그리스도를 전하고 있었습니다. 중요한 것은 그들이 바울에게 어떻게 하느냐가 아니라 복음을 위해 무엇을 하느냐입니다. 바울은 감옥에서 시위대에게도, 로마교회 성도들에게도 오직 '그리스도'를 쟁점으로 삼았습니다. 이는 선교의 거장이 할 수 있는 말입니다.

바울에게 있어서 그리스도는 주인이시며, 자신은 그분의 종이었습니다. 그는 주인의 복음이 전파되는 것을 자신의 기쁨으로 삼는 종다운 종이었습니다. 바울의 태도를 통해, 그는 그리스도의 복음을 앞세우고 개인적인 감정을 내려놓는 고귀한 가치관을 보여줍니다.

2) 도대체 그리스도의 복음이 무엇이기에 바울이 이런 자세를 취하는가?

복음은 하나님의 구원하시는 지혜이자, 하나님의 구원하시는 능력이기 때문입니다. 바울 자신이 다메섹 도상에서 이를 체험하였으며, 그가 전한 복음을 받은 자들도 동일한 경험을 하고 있었습니다. 사람들을 근본적으로 변화시키고, 그들을 살리는 것은 오직 그리스도의 복음뿐입니다. 바울은 이러한 이유로, 자신이 고통당하는 것이나 불순한 동기로 인해 괴로움을 받는 것을 문제 삼지 않았습니다. 그는 오직 복음이 전파되는 것 자체로 기뻐했습니다.

바울은 복음 전파가 진전되고 있음을 강조하고 있습니다. 그 과정에서 자신이 시기와 질투를 받고 있지만 그는 그리스도가 전파되는 것에 더 큰 우선순위를 두고 있습니다. 바울은 시위대 사람들에게나, 로마교회 성도들에게나 '그리스도'를 쟁점으로 삼았습니다. 우리도 이런 마음과 자세를 가진 믿음의 거장이 됩시다.

 생각해 봅시다

1. 복음을 전할 때 내 명예나 인정받으려는 마음이 걸림돌이 되고 있지는 않나요?
2. 복음이 전해지는 것만으로 진정 기뻐할 수 있는지 나의 내면을 점검해 보셨나요?
3. '나'를 내려놓고 '그리스도'가 드러나는 삶을 살기 위해 당장 실천할 일은 무엇인가요?

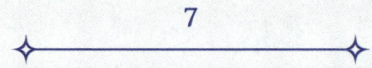

바울의 간절한 기대와 소망

빌립보서 1장 19~21절

"19. 이것이 너희의 간구와 예수 그리스도의 성령의 도우심으로 나를 구원에 이르게 할 줄 아는 고로 20. 나의 간절한 기대와 소망을 따라 아무 일에든지 부끄러워하지 아니하고 지금도 전과 같이 온전히 담대하여 살든지 죽든지 내 몸에서 그리스도가 존귀하게 되게 하려 하나니 21. 이는 내게 사는 것이 그리스도니 죽는 것도 유익함이라."

여러분에게 닥쳐 있는 어려운 상황에서 여러분은 어떤 기대와 소망을 가질 수 있습니까? 바울은 자신이 처한 환경을 통해 자신의 삶이 어떠한 삶인지, 또 어떠한 방향으로 나아갈 것인지를 재점검하고 있습니다. 그러면서 자신의 인생관을 밝힙니다. 곧 그의 삶은 오직 그리스도를 중심으로 하는 삶, 살든지 죽든지 오직 그리스도만 높아지는 삶이라는 것입니다.

1. 이것이 바울을 구원에 이르게 함(19절)

1) "이것이"는 당시 바울이 감옥에서 겪는 시련과 고통의 경험을 말합니다.
이것이 바울을 구원에 이르게 할 줄 안다고 합니다. 이 구원은 영혼의 구원을 뜻하지는 않습니다. 그는 이미 그리스도를 통해 구원을 받은 자입니다. 또한 자기 일신의 안전을 뜻하지도 않음을 우리는 압니다. 이것은 하늘의 영광을 차지할 최종 구원을 말합니다. 바울은 이미 구원받은 사람이었지만 앞으로 완성될 구원을 향해 노력하고 사모하는 사람이었습니다. 바울은 당시에 겪는 온갖 고통들이 결국 자신의 영혼에 구원의 은총을 더해줌으로써 자신의 영적 생활을 발전시키고, 그리하여 그 고통들이 결국 천국의 영광으로 가는 길을 넓히게 된다고 본 것입니다. 여러분에게 닥친 어려움으로 어떻게 하고 있습니까?

이러한 영광스러운 결과를 가져오게 하는 두 가지 요인은 인간적 요인과 신적인 요인입니다. 인간적 요인은 성도들의 기도입니다. 바울은 성도들의 기도를 매우 중요시했습니다. 본문에서도 "간구"($\delta\epsilon\acute{\eta}\sigma\epsilon\omega\varsigma$, 데에세오스)라는 말을 사용했습니다. 간구는 명확한 필요를 채워주시도록 하나님께 요구하는 것입니다. 19세기의 위대한 설교자 스펄전에게는 항상 그를 위해 기도하는 지하기도실의 수백 명의 성도들이 있었습니다. 신적인 요인은 '예수 그리스도의 성령'(τοῦ πνεύματος Ἰησοῦ Χριστοῦ, 투 프뉴마토스 예수 크리스투)의 도우심입니다. 성령은 예수 그리스도와 연결되어 있습니다. 성령께서 우리의 부족함을 채워주신다는 것입니다. 성도들이 바울의 고통을 알고 그를 위해 기도하면 성령께서 바울에게 강하게 역사하신다는 것입니다.

2. 바울이 매임에 사로잡히지 않는 비결(20절)

그것은 그가 가진 간절한 기대와 소망 때문입니다. 그 기대와 소망은 다름 아닌 그리스도가 '존귀하게 되게'(μεγαλυνθήσεται, 메갈뤼테세타이) 하려는 것입니다. '존귀하게 되게'는 미래 수동태로 쓰여 바울의 간절한 염원을 나타내고 있습니다. '내가 그리스도를 존귀하게 하리라'고 하는 대신에 그리스도를 주어로 함으로써 그리스도가 주체요, 자신은 하나의 도구에 불과함을 보여줍니다. 그리스도를 높이고 자신을 낮추는 겸손의 자세로 자신은 늘 그리스도를 나타내는 수단임을 강조하기 위함입니다. 이것 때문에 바울의 감옥 생활은 지루하지 않았고 활력이 넘쳤습니다. 이기적 동기로부터 완전한 자유를 주었고 지칠 줄 모르는 힘으로 몰고 가는 삶의 원동력이 됐습니다.

바울은 루스드라에서 나면서 걷지 못하게 된 사람에게 "네 발로 바로 일어서라" 명하였고 그는 일어나 걸었습니다(행 14:8~18). 그것을 본 사람들이 바울을 '신이 사람의 모양으로 왔다'라고 하면서 바울에게 소와 화관으로 제사를 드리려고 합니다. 바울이 '아, 내가 기적을 행하다니'라고 하면서 영광에 취하지 않았습니다. 그는 오히려 옷을 찢고 제사를 만류하며 하나님께 영광을 돌렸습니다.

3. 바울의 기대와 소망이 진실함을 증명함(21절)

1) 내게 사는 것이 그리스도니

그리스도가 그 속에 산다는 의미도, 그리스도와 함께 산다는 의미도 아닙니다. 물론 그 의미도 포함하기는 하지만 핵심적인 의미는 삶의 의식과 체험이 그리스도로 가득 차 있기 때문에 그리스도가 그의 최고의 관심사라는 것입니다. 바울이 신뢰하고, 사랑하고, 순종하고, 전파하고 따르는 모든 것이 그리스도에 의해 감동되고, 그리스도를 위해 행해지는 것입니다. 그리스도만이 그에게 삶의 영감과 지침과 의미와 목적을 제공하십니다. 그래서 그의 삶 전체가 그리스도에 대한 사랑과 헌신으로 결정되고 통제됩니다.

물론 이것은 바울이 초월적인 존재 영역으로 몰입해서 낙원 속에서 고통과 문제없이 산다는 뜻이 아닙니다. 실제로 그리스도 중심의 삶 때문에 오히려 감옥에 갇혔고, 고난과 고통을 겪어야 했습니다. 그러나 이런 환경을 문제 삼지 않는 것은 자기 자신의 안일과 영광에는 무관심하고, 오직 그리스도만을 위하여 살아가는 그의 삶의 자세 때문입니다.

2) 죽는 것도 유익함이다

'죽는 것'은 죽는 행위 자체를 말하는 것이 아니라 죽음의 결과를 뜻합니다. 죽음의 결과가 좋다는 것은 위에서 말한 삶의 무거운 짐들을 벗기 때문이 아닙니다. 바울은 삶도 좋고 죽음도 좋다고 말했습니다. 죽음의 결과가 유익한 것은 그리스도 중심으로 살던 바울이 그리스도와 더 깊고 더 완전한 연합을 할 수 있기 때문입니다. 그것은 실제로 그리스도와 함께 있게 될 것을 의미합니다. 주와 함께 본향에 있게 되는 것입니다.

그러므로 바울에게 있어서 그 자신의 유익은 결코 그리스도를 위한 유익과 분리될 수 없는 것입니다. 왜냐하면 바울이 가장 기뻐하는 일 중 하나가 그의 몸에서 그리스도가 존귀하게 되는 것이기 때문입니다. 우리는 바울과 달리 살자니 괴롭고 죽자니 두려운 사람은 아닙니까? 억지로 살고, 억지로 죽는 자들이 아닙니까? 그러나 바울은 사는 것도 좋고 죽는 것도 좋다고 합니다. 삶에서의 행복과 죽음에서의 행복을 발견한 자가 바울입니다.

만일 어떤 사람이 그의 삶을 땅에만 관계된 것을 획득하는 데 바쳐진다면 죽어도 얻을 것이 전혀 없을 것입니다. 왜냐하면 그가 중요하다고 여기는 모든 것을 뒤에 남겨두고 가야 하기 때문입니다. 그러나 만일 그리스도가 삶의 중심이고, 그의 삶에서 그가 얻는 것이 그리스도뿐이라면 그는 가치가 없는 것을 뒤에 남겨두고 그에게 있어서 삶 자체이신 분 앞에 가게 됩니다. 그래서 바울은 감옥에서 처형의 가능성에 직면해 있지만 이 땅에 남겨두고 가는 것들에 대해 후회와 미련이 없었습니다.

우리에게 닥친 어려움을 통해서 오히려 영적 유익을 얻을 수 있습니까? 그 어려움에 매이지 않고 기독교적 인생관을 펼쳐 갈 수 있습니까? 그렇다면 그 어려움은 진정한 어려움이 아닙니다. 바울 같은 인생관을 가지고 이 땅의 삶을 활기차게 살아갑시다. 나를 통해 그리스도가 존귀하게 되는 멋진 삶을 삽시다.

─────────────────────────── 생각해 봅시다

1. 나의 어려운 상황도 하나님의 구원을 이루는 과정이라는 믿음을 가지고 계신가요?
2. 현재 나의 가장 간절한 소망이 그리스도를 존귀하게 하는 것과 일치하고 있나요?
3. '살든지 죽든지 유익'이라는 바울의 고백을 나의 것으로 만들기 위해 필요한 변화는 무엇인가요?

8

바울의 열망보다 더 유익한 것

빌립보서 1장 22~26절

"22. 그러나 만일 육신으로 사는 이것이 내 일의 열매일진대 무엇을 택해야 할는지 나는 알지 못하노라 23. 내가 그 둘 사이에 끼었으니 차라리 세상을 떠나서 그리스도와 함께 있는 것이 훨씬 더 좋은 일이라 그렇게 하고 싶으나 24. 내가 육신으로 있는 것이 너희를 위하여 더 유익하리라 25. 내가 살 것과 너희 믿음의 진보와 기쁨을 위하여 너희 무리와 함께 거할 이것을 확실히 아노니 26. 내가 다시 너희와 같이 있음으로 그리스도 예수 안에서 너희 자랑이 나로 말미암아 풍성하게 하려 함이라."

여러분은 죽음에 대해 깊이 생각해 본 적이 있습니까? 바울은 먼저 자신이 감옥에 갇혀 있는 현실이 성도들의 기도와 성령의 도우심으로 인해 자신을 참된 구원에 이르게 할 것이라고 확신합니다. 이어서 그는 자신의 초월적인 생사관을 밝힙니다(20~26절). 바울은 살든지 죽든지 오직 그리스도만이 자신을 통해 존귀하게 되기를 원한다고 고백했습니다. 그는 개인적으로는 죽어 그리스도와 함께 있는 것을 더욱 소망하지만 복음 전파와 빌립보 성도들을 위해 사는 것이 더 유익하다고 생각하며, 이러한 이유로 결국 석방되어 살아가게 될 것이라고 확신하며 성도들을 위로하고 있습니다.

1. 바울이 생각하는 것

만약 죽음과 삶이라는 두 가지 가능성 중 하나를 선택해야 한다면 여러분은 어느 것을 선택하겠습니까? 바울이 "무엇을 택해야 할지 나는 알지 못하노라"(22절)라고 말한 것은 놀라운 일이 아닙니다. 왜냐하면 죽는 것도 유익하고, 사는 것도 열매를 맺는 좋은 일이기에 어느 것을 선택해야 할지 어렵다는 것입니다. 23절에서 "내가 그 둘 사이에 끼었으니"라고 말하며 더욱 그 마음이 강조됩니다. 여기서 "끼었으니"로 번역된 'συνέχομαι'(쉬네코마이)는 현재수동태로, '내가 붙들려 있다'라는 의미를 가집니다.

1) 만일 바울이 석방되어 지상에서의 생활이 지속된다면 이는 열매 맺음을 의미한다(22절 상)

즉 성도들을 가르치고 영혼을 구원하며 교회를 세우는 등 더욱 많은 사역을 통해 구원의 열매를 맺을 것입니다. 바울이 열매를 맺게 될 것이라고 확신하는 것은 그의 사역이 결코 헛되지 않을 것을 알기 때문입니다. 영적인 일을 위해 많은 수고를 하면 그 수고가 헛되지 않고 반드시 열매를 맺게 됩니다. 물론 모든 씨앗이 싹을 틔우는 것은 아니며, 모든 식물이 열매를 맺는 것도 아닙니다. 그러나 뿌려진 씨앗이 결코 헛되이 돌아가지 않는 것 또한 동일한 진리입니다.

"울며 씨를 뿌리러 나가는 자는 반드시 기쁨으로 그 곡식 단을 가지고 돌아오리로다"(시 126:6).

2) 떠나서 그리스도와 함께할 강한 열망이 있다(23절 하)

바울은 지금의 즉 지상에서의 삶을 떠나고자 합니다. 이스라엘 백성들은 육신의 삶을 광야에 비유하고, 천국을 젖과 꿀이 흐르는 가나안에 비유합니다. 즉 육신의 삶은 잠시 천막을 치고 사는 것과 같다고 여깁니다. 바울은 자신의 영혼이 지상의 삶을 떠나는 것이 곧 그리스도와 함께 거하는 것을 의미하며 즉시 구주와 복된 교제를 나누게 됨을 알고 있었습니다. 그는 이것이 육신으로 머무르는 것보다 훨씬 더 좋은 것임을 확신했습니다.

D. L. 무디(D. L. Moody)는 본향으로 돌아가기 몇 시간 전 외쳤습니다. "땅이 사라지고 하늘이 내 앞에 열린다. 만일 이것이 죽음이라면, 죽음은 얼마나 아름다운가! 하나님이 나를 부르고 계신다. 오늘은 나의 승리

의 날, 나의 대관식 날이다. 아, 영광스럽다!"

2. 바울이 빌립보교회의 필요에 따라 잠시 세상에 남을 것이라 기대함

1) 육신에 거하는 것이 성도들에게 더 유익하다(24절)

바울에게는 육신을 떠나 그리스도와 함께 있는 것이 더 나은 선택이지만 빌립보 성도들을 위해 사는 것이 훨씬 더 필요하다고 그는 말합니다. 바울은 자신의 주관적인 소망을 내려놓고, 성도들의 유익을 우선적으로 두었습니다. 그는 지상에서의 삶이 계속되는 것이 빌립보 성도들에게 더욱 목회적인 관심과 돌봄을 제공할 수 있다는 점에서 중요한 의미를 갖는다고 확신했습니다.

빌립보교회는 개척된 지 10년이 채 되지 않은 연약한 공동체였습니다. 성도들 중에는 이방의 우상 숭배와 부도덕한 삶에서 이제 막 벗어난 이들도 있었습니다. 또한 빌립보교회에는 분열의 문제가 있었으며(2:1~4, 4:2~3), 바울은 이들이 자신을 필요로 한다는 사실을 알고 있었습니다.

2) 삶에 대한 확신을 가짐(하나님의 사명에 대한 확신, 25절)

빌립보교회가 자신을 필요로 한다는 사실을 확신한 바울은 이것이 하나님께서 자신을 살려두신 사명임을 깨닫습니다. "내가 살 것과... 확실히 아노니"(25절)라는 말에서 바울은 성도들과 교회를 위해 사는 것이 자신의 사명임을 확신합니다.

여러분은 성도들과 교회를 위한 일에 이러한 정도의 중요성을 부여합니까? 꼭 해야 하고 필요한 일이라면 그것은 하나님께서 맡기신 사명입니다.

바울이 살아서 성도들과 함께하면 그들의 믿음은 성장하고, 그 결과 기쁨이 넘치게 될 것입니다(25절). 여기서 "진보"(προκοπὴν, 프로코펜)는 12절에서 "진전"과 같은 의미로 '증진'을 뜻합니다. 즉 믿음의 진보란 사랑(9절), 지식(9절), 의의 열매(11절) 등의 성장이 포함된 영적인 발전을 의미합니다. 믿음에서의 진보는 중요합니다. 왜냐하면 진보가 없으면 퇴보하기 때문입니다. 영적으로 정체되어 서 있는 것은 불가능하며 퇴보는 핑계, 불평, 실의, 낙심을 낳습니다. 반면 진보는 말할 수 없는 기쁨과 영광으로 충만한 행복을 가져옵니다. 그래서 바울은 다시 빌립보 성도들과 함께하고 싶어 하며, 그 결과로 그들의 기쁨이 더욱 넘치게 되기를 기대합니다(26절).

그는 "그리스도 예수 안에서" 빌립보 성도들이 자랑하게 되기를 바랍니다. 즉 바울이 석방되어 다시 함께하게 되는 것이 빌립보 성도들에게 '바울이여, 우리는 다시 당신이 우리와 함께하게 되어 너무 행복합니다'라고 말하게 하고, 그들이 구주 예수 그리스도를 찬양하게 할 것입니다.

여러분은 개인적으로 어떤 열망을 가지고 있습니까? 그러나 하나님의 영광과 이웃의 구원과 유익을 위해 그 열망을 내려놓을 수 있습니까? 여러분의 헌신과 봉사가 다른 성도들의 믿음의 성장과 기쁨을 더해 줄 수 있습니까? 여러분의 삶이 바울처럼 '그리스도 안에서' 이루어지고 있습니까? 마침내, 여러분을 통해 성도들이 더욱 그리스도를 자랑하게 될 수 있도록 살아갑시다.

---— 생각해 봅시다

1. 내 삶이 다른 사람들에게 실제로 유익을 주고 있나요?

2. '살아 있는 것'이 복음을 위한 열매로 이어지기 위해 오늘 내가 할 수 있는 일은 무엇인가요?

3. 주변의 믿음이 성장하는 것을 보고 진심으로 기뻐하고 있는지 돌아보세요.

9
그리스도의 복음에 합당하게 생활하라

빌립보서 1장 27~30절

"27. 오직 너희는 그리스도의 복음에 합당하게 생활하라 이는 내가 너희에게 가 보나 떠나 있으나 너희가 한마음으로 서서 한 뜻으로 복음의 신앙을 위하여 협력하는 것과 28. 무슨 일에든지 대적하는 자들 때문에 두려워하지 아니하는 이 일을 듣고자 함이라 이것이 그들에게는 멸망의 증거요 너희에게는 구원의 증거니 이는 하나님께로부터 난 것이라 29. 그리스도를 위하여 너희에게 은혜를 주신 것은 다만 그를 믿을 뿐 아니라 또한 그를 위하여 고난도 받게 하려 하심이라 30. 너희에게도 그와 같은 싸움이 있으니 너희가 내 안에서 본 바요 이제도 내 안에서 듣는 바니라."

바울 사도는 빌립보 성도들을 다시 만나 그들을 위해 일하고 싶다는 소망과 기대를 품고 있었습니다. 그러나 그가 처한 현실은 언제 죽음을 맞이할지 모르는 형편이었습니다. 이러한 상황에서 그가 빌립보 성도들을 다시 만나든 그렇지 않든 그들에게 몇 가지 당부해야 할 필요를 느꼈습니다. 그래서 지금까지는 자신에 대해 이야기했지만 본문부터는 빌립보 성도들에게 권면합니다.

이 권면을 한마디로 요약하면 '오직 너희는 그리스도의 복음에 합당하게 생활하라'입니다. 여기서 "생활하라"(πολιτεύεσθε, 폴리튜에스테)는 '시민으로 살라'는 의미입니다. 빌립보는 로마의 식민지로, 로마 시민권을 가진 퇴역 장교들이 많이 거주하던 도시였습니다. 빌립보 사람들은 자신들이 로마의 시민이라는 것을 큰 자랑으로 여겼습니다. 이런 배경을 고려하면 바울이 '시민으로 살아가라'고 권면하는 것은 매우 적절한 표현이었습니다.

바울은 이들에게 두 나라의 시민으로서 즉 로마 시민으로서뿐만 아니라 하늘나라 시민으로서도 합당하게 살아야 함을 강조하며 몇 가지를 당부합니다.

1. 굳게 서라

27절에서 "서서"라는 표현은 단순히 서 있는 것을 의미하는 것이 아닙니다. 원문(στήκετε, 스테케테)에서는 '굳게 서다', '확고하다'라는 뜻으로 문장의 주동사 역할을 하며 매우 중요한 의미를 갖습니다. 대적들의 위험이 있고(28절), 고난을 감수해야 하는(29, 30절) 상황에서 '굳게 선다'라는 것은 결코 쉬운 일이 아닙니다. 영어 성경에서는 'stand firm'(굳게 서다)로 번역되어 있으며, 이는 복음의 진리를 위협하는 대적들 앞에서 결코 흔들리지 않는 확고한 태도를 의미합니다.

이 표현은 또한 전쟁에서 아무리 치열한 전투가 벌어지고, 전우들이 쓰러져도 결코 자신의 자리를 떠나지 않는 병사의 결연한 자세를 뜻합니다. 즉 어떤 위험과 고통이 따르더라도 복음의 진리를 수호하기 위해 확고히 버티는 것을 의미합니다(고전 16:13).

마르틴 루터는 종교재판에서 자신의 신앙을 철회하면 목숨을 살려주겠다는 요구를 받았습니다. 그러나 그는 "나는 하나님의 말씀대로 말했기 때문에, 하나님의 말씀이 고치라고 하기 전에는 번복할 수 없다"라고 선언했습니다.

2. 단합하라

바울은 복음 진리가 도전을 받고 있는 상황에서 성도들이 대적들과 맞서기 위해 먼저 하나가 되어야 한다고 강조합니다.

> "너희가 한마음으로 서서 한뜻으로 복음의 신앙을 위하여 협력하는 것과"(27절).

내부적으로 불화와 갈등이 가득한 공동체는 아무리 좋은 복음을 가지고 있다 해도 외부에 선한 영향을 미칠 수 없습니다. '한마음과 한뜻'은 인간적인 노력으로 만들어낼 수 없는 것이며, 오직 예수 그리스도를 통해서만 가능해집니다. 그리고 이것이 이루어질 때에 '협력하는 것'이 가능해집니다.

여기서 "협력하는"(συναθλέω, 쉬나틀레오)은 '굳게 뭉쳐 협력하다', '함께 투쟁하다'라는 뜻입니다. 이 단어는 빌립보서 전체에서 중요한 개념으로(4:3), 공동체의 동지애와 상호 이해를 강조합니다. 이는 마치 운동선수들이 한 팀이 되어 같은 목표를 향해 경기에 임하는 것과 같습니다. 사탄은 분열을 통해 교회를 약화시키려고 합니다(갈 5:15).

3. 담대하라

그리스도인의 삶은 결코 평탄하지 않습니다. 세상의 불신자들이 겪는 어려움 중 일부는 피할 수 있지만 오히려 그리스도인이기 때문에 더 큰 고난을 당하는 경우도 있습니다. 빌립보 성도들도 그러한 핍박에서 예외가 아니었습니다. 바울은 "무슨 일에든지 대적하는 자들 때문에 두려워하지 아니하는 이 일을 듣고자 함이라"(28절)라고 말합니다.

가나안 땅을 정탐한 10명의 정탐꾼은 그 땅이 '젖과 꿀이 흐르는 땅'이라는 것은 인정했지만 거기에 거주하는 거인들을 보고 자신들이 메뚜기처럼 보인다고 두려워했습니다. 그들은 '과연 ~ 그러나'의 사람들이었습니다. 반면 여호수아와 갈렙은 '과연 하나님께서 약속하신 땅'이므로 '여호와께서 함께하시면 정복할 수 있다'라고 믿었습니다. 그들은 '과연 ~ 여호와'의 사람들이었습니다.

성도들이 선한 일을 할 때 사람들의 위협을 받을 수도 있지만 두려워하지 말고 그 일을 계속해야 합니다. 대적들 앞에서 담대해야 한다는 것은 결코 인간적인 무기나 혈기로 싸워야 한다는 뜻이 아닙니다. 대적들과 직접 맞붙어 싸우는 것이 아니라, 복음의 신앙(진리)을 위해서 담대해야 합니다.

4. 고난을 각오하라(29~30절)

바울은 29절에서 믿음과 고난이 하나님의 선물(은혜)임을 밝힙니다. 다시 말해, 믿음과 고난은 그리스도인의 특권이라고도 할 수 있습니다.

그리스도를 믿고 따를 때, 반드시 대적들의 저항에 부딪히게 됩니다. 바울은 성도들이 그리스도를 위해 사는 한 고난은 피할 수 없는 것이라고 강조합니다. 하지만 이러한 고난은 단순한 '고역'이 아니라 하나님의 선물입니다. 그리스도를 위한 고난이 하나님의 선물인 이유는 성경에서 찾을 수 있습니다.

첫째, 고난은 우리를 그리스도께 더 가까이 인도합니다.
둘째, 고난을 통해 하나님의 영이 우리와 함께하신다는 확신을 갖게 됩니다.
셋째, 고난을 통해 우리는 천국에서 상급을 받습니다.

바울은 빌립보 성도들과 자신이 같은 영적 싸움을 싸우고 있음을 강조합니다. 30절에서 "같은 싸움"(same way)이라는 표현을 통해, 성도들이 당하는 고난과 바울이 당하는 고난이 본질적으로 동일하다고 말합니다. 빌립보 성도들이 그리스도를 위해 고난받을 때, 그들의 영적 지도자인 바울 역시 빌립보에서나 지금 로마에서 동일한 고난을 당하고 있음을 생각한다면, 그들이 겪는 고난을 더욱 잘 견뎌낼 수 있을 것입니다.

오늘날 우리도 대한민국에서 하늘나라 시민으로서 어떻게 살아야 할지 고민해야 합니다. 어떻게 행동해야 사람들이 우리를 진정한 그리스도인이라 부를까요? 우선 믿음 위에 굳게 서서 담대해야 합니다. 또한 성도들끼리 단합해야 합니다. 그리고 유혹을 이기고 고난을 감당해야 합니다. 그러할 때, 사람들은 우리를 천국 시민이라 부르게 될 것입니다.

생각해 봅시다

1. 삶의 사소한 문제에서도 복음에 합당하게 반응하고 계신가요?
2. 교회 공동체 안에서 복음 전파를 방해하는 가장 큰 장애물은 무엇인가요?
3. 그리스도를 위한 고난도 '은혜'라는 말씀에 진심으로 동의하시나요?

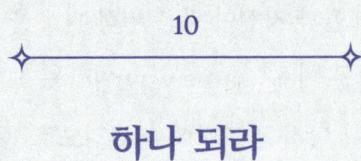

하나 되라

빌립보서 2장 1~4절

"1. 그러므로 그리스도 안에 무슨 권면이나 사랑의 무슨 위로나 성령의 무슨 교제나 긍휼이나 자비가 있거든 2. 마음을 같이하여 같은 사랑을 가지고 뜻을 합하며 한마음을 품어 3. 아무 일에든지 다툼이나 허영으로 하지 말고 오직 겸손한 마음으로 각각 자기보다 남을 낫게 여기고 4. 각각 자기 일을 돌볼뿐더러 또한 각각 다른 사람들의 일을 돌보아 나의 기쁨을 충만하게 하라."

바울은 1장 27~30절에서 빌립보 성도들에게 복음에 합당한 삶을 살 것을 권면했습니다. 특히 마지막 절에서는 바울과 빌립보 성도들이 같은 싸움을 하고 있음을 강조했습니다. 이어서 본문에서는 "그러므로"(1절)라는 연결어를 사용하여 같은 주제를 다루면서 교회 내적으로 '하나 되라'고 권면합니다.

빌립보교회는 선교와 같은 외적 사역에서는 뛰어난 교회였던 것 같습니다. 그러나 교회의 내적 문제에 있어서는 외적 사역만큼 우수하지 못했던 것으로 보입니다. 빌립보서를 전체적으로 보면 교회 내에 분쟁이 있었음을 알 수 있습니다. 바울은 빌립보 성도들이 서로 다투게 되면 그 결과가 어떠할지 알았기 때문에 지금 '하나 되라'고 호소하고 있습니다. 아브라함도 분쟁의 결과를 미리 알고 롯과의 갈등을 지혜롭게 해결한 바 있습니다(창 13:7~8).

1. 하나 되어야 할 근거는 그리스도와의 특별한 관계이다

그리스도인들은 각기 다른 배경과 개성을 가진 사람들이기 때문에 이들이 모여 하나 된 교회를 이루는 것은 인간적으로 매우 어려운 일입니다. 인간적인 방법으로는 아무리 애써도 하나가 될 수 없으며 오직 그들 각자에게 공통된 요소인 예수 그리스도를 통해서만 가능할 것입니다. 그렇기에 바울은 그리스도가 그들과 어떤 관계를 맺고 계신지를 기억하게 하며 이를 통해 하나 될 것을 권면하고 있습니다.

1) 그리스도 안에 있는 권면

이는 그리스도와의 생명적 연합으로 인해 누리는 것입니다. 성도는 예수 그리스도를 믿음으로 구원받아 그리스도와 연합되었으며 그 안에서 끊임없이 권면과 격려를 받습니다. 마치 포도나무 가지가 나무에 붙어 영양을 공급받듯이 성도는 그리스도로부터 위로와 격려를 받고 이를 다른 성도들에게 베풀 수 있게 됩니다.

2) 사랑의 위로

거듭난 그리스도인은 그리스도의 사랑을 받은 자입니다. 이러한 사랑으로 인해 성도는 끊임없는 위로를 경험하게 됩니다. 고린도후서 5장 14절에서 "그리스도의 사랑이 우리를 강권하시는도다"라고 한 것처럼 성도가 그리스도의 사랑에 온전히 순응할 때 그 사랑이 교회를 하나 되게 합니다.

3) 성령의 교제

모든 성도는 성령을 마음에 모시고 있습니다. 그로 인해 성도들 간에 영적 교제가 이루어집니다. 신약에서 '교제'(κοινωνία, 코이노니아)라는 단어는 성도들 간의 친밀한 교제를 의미합니다. 인간적인 교제가 아닌 성령을 통한 교제는 몸 된 그리스도의 지체들이 모인 사랑의 유기체 즉 교회의 생명을 이루는 중요한 요소입니다.

4) 긍휼과 자비

성도들이 그리스도로부터 받은 긍휼과 자비를 깊이 깨달을 때, 이는 교회 내 일치와 화합을 이루는 원동력이 됩니다. 아무도 그리스도의 긍휼과 자비를 받을 자격이 없음에도 불구하고 그 큰 은혜를 입었음을 깨닫는다면 주 안에서 하나 됨은 어렵지 않게 이루어질 것입니다.

2. 하나 되는 방법은 그리스도께서 내게 해주신 것을 남에게 그대로 하는 것이다(2~4절).

바울은 1절에서 하나 되어야 할 근거와 이유를 제시했습니다. 하지만 이유를 아는 것만으로는 하나 될 수 없습니다. 2~4절에서 바울은 하나 되는 방법을 네 가지로 설명합니다.

1) 같은 사랑을 가져야 한다.
"같은"이라는 단어를 통해 성도 상호 간의 사랑을 강조하고 있습니다. 성도들 간에 그리스도의 사랑이 넘칠 때, 그리스도께 속한 공동체임이 드러나고(요 13:34~35), 교회는 하나 될 수 있습니다. 이 사랑은 자기희생적인 그리스도의 사랑을 의미합니다. 믿음과 소망도 중요하지만 사랑이 가장 중요합니다.

2) 그리스도 안에서 같은 마음을 가져야 한다.
"뜻을 합하며"(2절 하)는 '한 혼이 되어서'라는 의미로 감정의 조화를 이루는 것을 뜻합니다. 계획, 생각, 마음가짐 등이 하나가 되는 것입니다. 1992년 바르셀로나 올림픽에서 배드민턴 복식조가 금메달을 획득했습니다. 김문수·박주봉 조와 황혜영·정소영 조는 경기장 밖에서도 서로를 가장 좋아하는 선수로 꼽을 만큼 돈독한 관계였습니다. 그들의 우정과 협력이 승리의 원동력이었습니다.

3) 남을 나보다 낮게 여기라(3절).

2절이 그리스도인의 내적 화합을 권면했다면 3절은 외적 태도와 행동의 화합을 강조합니다. 남을 나보다 낮게 여기려면 다툼이나 허영이 없어야 합니다. "다툼"(ἐριθεία, 에리테이아)은 '자신을 내세우려는 욕구'를 뜻하며 이기적인 태도를 의미합니다. "허영"(κενοδοξία, 케노독시아)은 신약에서 유일하게 등장하는 단어로 '헛된 생각' 혹은 '공허한 의견'을 의미합니다. 허영에 빠진 사람은 하나님의 영광이 아니라 자신의 영광을 구합니다. 어떤 사람이 정당한 이유 없이 자신의 주장을 내세우고 이를 관철하려 하면 갈등이 발생할 수밖에 없습니다.

하나 되는 적극적인 방법은 남을 나보다 낮게 여기는 것입니다. 이는 무조건 상대방이 잘못했음에도 높이라는 말이 아닙니다. '서로 존경하기를 힘쓰라'는 말씀과 같은 의미입니다. 바울은 그리스도께서 자신에게 베푸신 은혜를 깊이 생각했기에 자신을 "사도 중에 가장 작은 자"요, "죄인 중에 괴수"(딤전 1:15)라고 고백했습니다.

교회 안에서 성도들이 자기보다 남을 낮게 여길 수 있다면 그곳은 복된 상태임을 나타냅니다. 이렇게 친절한 사랑으로 채워진 교회는 서로 우애하고 잘 될 것입니다. 서로를 존경하고 높여줄 때 그 공동체는 더욱 풍성한 사랑과 화합 속에서 성장할 수 있습니다.

4) 다른 사람들의 일을 돌아보아야 한다(4절).

"각각 자기 일을 돌볼뿐더러"라는 표현은 공동번역에서는 "저마다 제 실속만 차리지 말고"라고 번역됐습니다. 성도들은 자기 자신과 가정의 일을 챙기는 것도 중요하지만 그것만이 전부가 되어서는 안 됩니다. 신앙의 성숙도는 남을 대하는 태도에서 나타납니다. 신앙이 성장하는 과정은 어린아이가 성숙해 가는 과정과 비슷합니다. 한 성도가 다른 성도를 높이 평가한다면 그는 자연스럽게 그를 돕고자 하며 그의 유익을 찾기 위해 노력하게 됩니다.

그리스도께서 얼마나 깊은 사랑으로 형제들을 품으셨는지를 깊이 깨닫는다면 우리는 형제들의 유익을 위해 더욱 관심을 가지고 헌신하게 될 것입니다. 선교하는 빌립보교회조차 내부적으로 분열이 있었다는 사실은 우리에게도 큰 교훈이 됩니다. 사탄은 '황금의 알곡' 속에도 '분열의 가라지'를 심으려 합니다. 우리는 정신을 차리고 주님의 몸 된 교회를 하나 되게 해야 합니다. 우리 모두 그리스도 안에서 하나 되어 주님을 기쁘시게 합시다. 그리하여 성도의 최고의 삶인 기쁨과 즐거움 가운데 살아갑시다.

1. 공동체 안의 작은 갈등을 그리스도의 마음으로 해결하기 위해 구체적으로 무엇이 필요할까요?
2. 나는 '주 안에서 같은 마음'을 품는 데 있어서 실제로 얼마나 노력하고 있나요?
3. 공동체 안에서 나와 함께 멍에를 메고 나아갈 사람은 누구인가요?

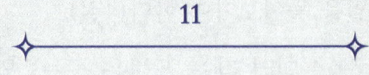

그리스도 예수의 겸손

빌립보서 2장 5~11절

"5. 너희 안에 이 마음을 품으라 곧 그리스도 예수의 마음이니 6. 그는 근본 하나님의 본체시나 하나님과 동등됨을 취할 것으로 여기지 아니하시고 7. 오히려 자기를 비워 종의 형체를 가지사 사람들과 같이 되셨고 8. 사람의 모양으로 나타나사 자기를 낮추시고 죽기까지 복종하셨으니 곧 십자가에 죽으심이라 9. 이러므로 하나님이 그를 지극히 높여 모든 이름 위에 뛰어난 이름을 주사 10. 하늘에 있는 자들과 땅에 있는 자들과 땅 아래에 있는 자들로 모든 무릎을 예수의 이름에 꿇게 하시고 11. 모든 입으로 예수 그리스도를 주라 시인하여 하나님 아버지께 영광을 돌리게 하셨느니라."

성도들에게 있어서 평생 해야 할 숙제는 무엇이겠습니까? 설교를 들으면서 답을 찾으십시오. 바울은 그리스도의 복음에 합당한 생활을 위해 빌립보교회 성도들에게 몇 가지 권면을 했습니다. 그중에서도 외부의 적들에 대해서는 담대하라고, 내부의 문제에 대해서는 하나 되라고 강조했습니다. 이제 본문에서 바울은 성도들이 그러한 삶을 살기 위해 예수 그리스도의 겸손을 본받아야 함을 말합니다.

1. 예수 그리스도는 성도들의 삶의 최고의 본이다.

겸손해지는 최고의 비결은 대가 앞에 서는 것입니다. 사람끼리의 비교는 하나님과 우주의 차원에서 보면 '도토리 키 재기'에 불과합니다. 가장 교만할 것 같으나 가장 겸손하신 겸손의 대가이신 그리스도 앞에 설 때 진정한 겸손을 배울 수 있습니다.

5절에서 "너희 안에 이 마음을 품으라 곧 그리스도 예수의 마음이니"라고 했습니다. 여기서 "이 마음을 품으라"(τοῦτο φρονεῖτε, 투토 프로네이테)는 '이것을 추구하라', '이것을 얻으려고 애쓰라'는 뜻입니다. "이것"(τοῦτο, 투토)을 직역하면 '그리스도 예수 안에 있는 것'(ὃ καὶ ἐν Χριστῷ Ἰησοῦ, 호 카이 엔 크리스토 예수)입니다. 6절 이하를 살펴보면 "이것"이 바로 그리스도 예수의 겸손임을 알 수 있습니다.

바울은 다른 서신에서도 성도들이 그리스도의 삶과 죽음을 본받아야 한다고 강조합니다. 강한 자가 연약한 자의 약점을 담당하고 이웃을 기쁘게 해야 한다고 하면서 그리스도를 본으로 제시했습니다(롬 15:1~7). 또한 무엇을 하든 하나님의 영광을 위하여 행하되 많은 사람의 유익을 구하는 삶을 살라고 권면하며 그리스도를 본으로 삼았습니다(고전 10:31~11:1).

본문에서도 바울은 성도들에게 그리스도의 삶과 죽음을 본받으라고 합니다. 그리고 그 모든 삶과 죽음의 바탕에는 '겸손'이 깔려 있음을 강조합니다. 만약 빌립보 성도들이 그리스도처럼 겸손을 추구한다면 서로 간의 불화가 해결되고 하나 될 수 있을 것입니다.

2. 그리스도의 겸손한 삶(6~8절)

1) 하나님과 동등됨을 취하지 않음(6절)

그리스도는 본래 하나님과 동등한 존재이셨지만 그 지위를 이기적인 목적으로 이용하지 않으셨습니다. 하나님과 동등하심은 그리스도께서 마음대로 행사하실 수 있는 권리였지만 그는 그것을 자신을 위해 사용하지 않으셨습니다. 그는 하나님 자신이셨고 하나님으로서의 모든 영광을 누릴 수 있는 분이셨습니다. 그러나 그는 스스로 그것을 포기하셨습니다. 내 것을 포기할 수 있는 사람, 그 사람이 진정 큰 사람입니다.

2) 자기를 비우심(7절)

이는 직설적인 표현이 아니라 비유적인 표현입니다. 마치 '재산을 비웠다', '모든 재산을 가난한 자들에게 주었다'고 말하는 것처럼 그리스도께서도 자신을 전적으로 내어주셨음을 의미합니다. "종의 형체를 가짐"은 그가 자기를 비운 방법입니다. 종의 본질적 속성을 다 취하셨다는 의미입니다. 종은 자신의 것이 없습니다. 자신의 어떤 권리보다 하나님의 뜻에 복종하여 섬기러 오신 것입니다. '사람들과 같이 됨'은 두 번째 방법입니다. 죄의 결과를 짊어진 연약한 인성을 취하신 것입니다. 다만 죄 없으신 것만 제외하고 모든 면에서 사람들과 동일하셨습니다.

3) 자신을 낮추심(8절)

예수님은 인간적인 성취의 꼭대기를 탐하지 않으셨습니다. 자신의 명예와 권리와 신임을 위해 싸우시지 않았습니다. 그는 철저한 자기 굴복, 자기 거부, 자기희생을 통해 자신을 낮추셨습니다.

"사람의 모양으로 나타나심"은 그가 사람들과 같아졌음을 다시 한번 강조하는 표현입니다. 그리고 "죽기까지 복종하셨으니, 곧 십자가에 죽으심이라"는 말씀은 그의 완전한 순종을 의미합니다. 죽음을 두려워하지 않는 사람은 없습니다. 그러나 예수님은 인간을 섬기는 삶을 사시며 하나님께 완전히 복종하셨습니다. 그것도 단순한 죽음이 아니라 가장 치욕스러운 '십자가의 죽음'을 선택하셨습니다. 십자가형은 노예, 강도, 반역자와 같은 극악한 죄인들을 처형하는 방식이었습니다. 로마 시민은 이 형벌을 받지 않았습니다. 바울이 자신을 돌아볼 때 자신조차 로마 시민으로서 십자가형을 받지 않았는데 하나님의 아들이신 예수께서 말할 수 없는 치욕을 당하셨음을 깊이 묵상했을 것입니다.

그리스도는 자신을 낮추시되 하나님이 인간이 되셨고, 종의 형체를 가지셨으며, 십자가에서 죽으셨습니다. 겸손의 사닥다리에서 가장 낮은 곳까지 내려가신 분이었습니다.

어떤 사람이 의사 출신 중국 선교의 아버지 Hudson Taylor(1832~1905)에게 질문했습니다. "선교사님은 하나님께서 놀랍게 사용하시기 때문에 때때로 교만의 유혹을 받으실 것 같습니다. 땅 위에 사는 자 중에 선교사님 같은 큰 명예를 가진 분이 있을까요?" Hudson Taylor는 이렇게 대답했습니다. "그와 정반대입니다. 저는 때때로 이런 생각을 합니다. 하나님께서 마음껏 쓰실 만큼 작고 약한 자를 찾으시다가 저를 발견하신 것이라고요."

3. 하나님이 높이신 삶(9~11절) - 영광의 길

1) 하나님이 그리스도를 지극히 높이심

그리스도의 겸손한 삶에 대해 하나님께서 상급을 주셨습니다. 하나님이 그를 높이셨다는 사실을 강조합니다. 영적인 세계에서는 낮아지는 것이 높아지는 길임을 보여줍니다(마 20:25~28).

2) 모든 이름 위에 뛰어난 이름을 주심

하나님이 그리스도를 높이신 방법입니다. 여기서 "이름"은 단순한 함자가 아니라 인격과 권위를 의미합니다. 하나님께서 그리스도에게 최고의 직책과 지위를 주셨음을 의미합니다. 마치 하나님의 '인감도장'을 주신 것과 같습니다.

3) 모든 무릎을 예수의 이름 앞에 꿇게 하심

하나님이 그를 높이신 목적입니다. 완전히 순종하셨던 그가 이제 완전한 순종을 받으시는 것입니다.

4) 모든 입이 예수 그리스도를 주라 시인함

하나님이 그리스도를 높이신 또 다른 목적입니다. "주"(κύριος, 퀴리오스)는 당시 헬라-로마 세계에서 황제를 가리키는 칭호였습니다. 바울이 이 칭호를 예수 그리스도에게 사용한 것은 로마 황제에 대한 무언의 도전이기도 합니다. 이는 예수를 만유의 통치권을 지닌 왕 중의 왕으로 인정한다는 의미이며, 초대교회의 신조(신앙고백)이기도 합니다. 결국 하나님께 영광이 돌아가게 됩니다. 바울이 감옥에서 판결을 기다리며 이 말씀을 묵상할 때 얼마나 큰 위로가 되었겠습니까? 또한 고난과 싸우고 있는 빌립보 성도들에게도 큰 힘이 되었을 것입니다.

우리도 예수 그리스도의 겸손을 본받읍시다. 겸손한 삶이 영광의 길입니다. 하나님의 법칙은 자기를 낮추는 자를 높이는 것입니다(마 18:4, 16:25~26). 주 앞에서 자신을 낮출 때 주께서 우리를 높이실 것입니다(약 4:10). 교회가 하나 되어 전진할 때 아름다운 열매가 맺힐 것입니다.

생각해 봅시다

1. 예수님의 겸손을 본받기 위해 내가 오늘 당장 실천할 수 있는 일은 무엇인가요?
2. 내가 삶에서 '비워야' 할 것은 무엇이며 비움의 실천을 언제 시작하실 건가요?
3. 하나님이 높이시는 겸손의 삶이 내 삶에서도 실제로 가능하다고 믿으시나요?

2부
그리스도인의 삶, 은혜와 평강

빌립보서 2장 12절 – 4장 23절

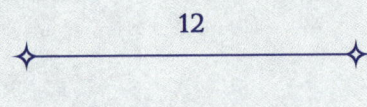

너희 구원을 이루라

빌립보서 2장 12~13절

"12. 그러므로 나의 사랑하는 자들아 너희가 나 있을 때뿐 아니라 더욱 지금 나 없을 때에도 항상 복종하여 두렵고 떨림으로 너희 구원을 이루라 13. 너희 안에서 행하시는 이는 하나님이시니 자기의 기쁘신 뜻을 위하여 너희에게 소원을 두고 행하게 하시나니."

바울은 앞서 그리스도 예수의 겸손을 강조했습니다. 그리고 이제 그 겸손이 빌립보 성도들의 삶에서 어떻게 나타나야 하는지를 설명합니다. 본문의 두 절은 그리스도인의 삶을 가장 완전하게 요약한 말씀 중 하나입니다. 이 말씀은 그리스도인의 삶에서 중요한 실제적 문제들을 직시하게 해주기 때문에 면밀히 살필 필요가 있습니다. 더욱이 이 말씀을 올바르게 이해할 때 그리스도인의 삶과 신앙의 여정에서 큰 격려와 위로를 얻게 될 것입니다.

1. 일반적인 고찰

바울은 빌립보 성도들에게 자신과의 특별하고도 인격적인 관계를 상기시키고 있습니다. "나의 사랑하는 자들아"(ἀγαπητοί μου, 아가페토이 무). 빌립보 성도들은 바울이 감옥에 갇혔다는 사실로 인해 크게 걱정하고 있었습니다. 그들 중 일부는 바울이 없으면 신앙생활을 제대로 할 수 없다고까지 생각했습니다. 이러한 상황을 염두에 두고 바울은 본문에서 성도들에게 특별한 호소를 하고 있습니다.

2. 신학적 측면의 고찰

1) 구원 자체에 대한 이해
바울은 1장에서 이미 빌립보 성도들이 구원의 선물을 받았다는 사실을 강조했습니다. 따라서 여기서 '이제 선한 삶을 살면 좋은 그리스도인이 되어 이 선물을 받을 것입니다'라고 말하는 것이 아닙니다. 그는 이미 구원을 받은 성도들에게 편지를 쓰고 있으며 '이미 시작했으니 계속 나아가십시오'라고 격려하고 있습니다.

구원은 다음 세 가지를 포함합니다.
첫째, 칭의(稱義)입니다. 하나님께서 그리스도 안에서 우리를 의롭다고 간주하시는 것입니다. 하나님께서는 그리스도 안에서 우리의 죄를 용서하시며, 우리는 믿음으로 의롭다 하심을 받습니다. 둘째, 성화(聖化)입니다. 이는 우리 안에서 지속적으로 이루어지는 과정이며 우리를 완전하게 만들어 가는 과정입니다. 칭의가 단번에 이루어지는 것이라면 성화는 평생에 걸쳐 이루어지는 것입니다. 셋째, 영화(榮化)입니다. 이생과 죽음을 넘어 완전한 부활의 몸으로 하나님을 대면하며 죄와 악과 타락으로부터 완전히 자유로워지는 것을 의미합니다.

바울이 본문에서 말하는 바는 칭의가 아니라 성화입니다. 그는 "의롭다 하심을 받았으니 이제 구원을 이루라"고 권면합니다. 바울은 이들의 지금까지의 순종을 언급하며 새로운 명령을 주고 있습니다. 여기서 중요한 단어는 "이루라"(κατεργάζεσθε, 카텔가제스테)입니다. 이는 '실행하다', '애써 완성하다'라는 뜻을 가지며 현재명령법으로 쓰였기에 '구원이 완전히 이루어질 때까지 계속 영적 성숙을 위해 힘쓰라'는 의미를 담고 있습니다. 즉 성화를 통해 삶 속에서 구원을 나타내라는 것입니다.

한편 구원을 이루는 데 필요한 태도는 "두려움과 떨림"입니다. 성경에서도 자주 등장하는 이 표현은 성도가 하나님 앞에서 가져야 할 기본적인 자세입니다. 이는 내적으로 자신의 죄성을 인식하고 외적으로 자신의 무능력을 깨달을 때 자연스럽게 드러나는 태도입니다.

2) 구원에서 하나님의 역할과 우리의 역할

성경은 인간이 본래 죄와 허물로 인해 죽어있다고 가르칩니다. 영적으로 죽어 있기 때문에 스스로 아무것도 할 수 없으며 마음이 하나님을 떠나 있고, 하나님을 기쁘시게 할 수도, 기쁘시게 하고자 하는 마음조차 가질 수 없습니다.

그렇다면 왜 우리는 하나님께 관심을 가지게 됐습니까? 무엇이 우리를 변화시켰습니까? "긍휼이 풍성하신 하나님이 우리를 사랑하신 그 큰 사랑을 인하여"(엡 2:4). 우리의 구원은 전적으로 하나님께서 시작하신 것입니다. 우리가 아무 관심이 없을 때 하나님께서 우리 삶에 간섭하시고 우리를 찾아오시고, 우리를 사로잡으셨습니다.

바울은 더욱 놀라운 사실을 말합니다. 하나님께서는 이 일을 시작하실 뿐 아니라 계속 행하고 계십니다. "너희 안에서 행하시는 이는 하나님이시니"(13절). 하나님께서는 성령을 통해 우리 존재 심연에서 일하고 계십니다. 그렇다면 하나님께서 우리 안에서 행하시는 일은 무엇입니까? "자기의 기쁘신 뜻을 위하여 너희에게 소원을 두고 행하게 하시나니"(13절). 이것이 얼마나 철저한 은혜입니까?

우리가 가진 모든 선한 소원과 그리스도인으로서의 열망은 하나님께서 우리 안에서 일으키신 것입니다. 하나님께서 우리의 의지를 다스리고 계십니다. 하지만 하나님의 역할은 단지 우리의 의지에 영향을 미치는 것에서 끝나지 않습니다. 하나님은 우리를 살아 숨 쉬게 하시는 힘이며 우리의 삶을 움직이시는 능력입니다. 이처럼 구원의 주도권은 처음부터 끝까지 하나님께 있습니다.

그런데도 바울은 "구원을 이루라" 즉 우리가 무엇인가를 행해야 한다고 명령합니다. 이것이 모순입니까? 아닙니다. 하나님께서는 우리의 소원과 능력을 주심으로써 우리 안에서 이 일을 계속 이루어 가십니다. 다시 말해 하나님께서는 우리를 완전하게 만들어 가시는 과정에서 우리의 뜻과 소원, 생각과 열망까지 다스리시며 자신의 위대한 목적을 우리 삶 가운데 이루고 계십니다. 그분은 우리의 의지를 설득하시고, 거룩한 열망을 주시며, 구원을 이루어 가는 과정이 우리의 욕구와 목표가 되도록 이끌어 가십니다. 결국 '우리 안에서 행하시는 이는 하나님'이십니다. 따라서 여기에는 모순이 없습니다. 주도권은 전적으로 하나님께 있습니다.

여러분 안에서 행하시는 하나님을 인식하고 있습니까? 그것이야말로 우리가 그리스도인이라는 증거입니다. 하나님께서 우리 안에서 소원을 두고 행하고 계신다고 확신할 수 있습니까? 우리의 삶 속에서 하나님의 간섭과 인도하심을 경험하고 있습니까? 만일 그렇다면 "두렵고 떨림으로 너희 구원을 이루라"는 말씀을 기억하십시오. 그리하면 우리는 더욱 예수 그리스도를 닮아 갈 것입니다.

———————————————————————————— 생각해 봅시다

1. 이미 받은 구원과 지금 이루어 가는 구원의 균형을 삶에서 어떻게 유지하고 계신가요?

2. '두려움과 떨림으로' 하나님을 섬긴다는 말이 내 삶에서는 어떻게 나타나고 있나요?

3. 나의 선택과 하나님의 주권이 삶 속에서 어떻게 조화를 이루고 있나요?

13

원망과 시비가 없이 하라

빌립보서 2장 14~16절

"14. 모든 일을 원망과 시비가 없이 하라 15. 이는 너희가 흠이 없고 순전하여 어그러지고 거스르는 세대 가운데서 하나님의 흠 없는 자녀로 세상에서 그들 가운데 빛들로 나타내며 16. 생명의 말씀을 밝혀 나의 달음질이 헛되지 아니하고 수고도 헛되지 아니함으로 그리스도의 날에 내가 자랑할 것이 있게 하려 함이라."

바울은 빌립보 성도들의 영적 상태에 큰 관심을 두고 있었습니다. 그것은 하나님께서 그들에게 처음으로 믿음을 갖도록 사용하신 사람이 바로 자신이었기 때문입니다. 그는 그들을 너무도 자랑스럽게 여기고 있었기에 그들이 온전한 상태에 이르기를 더욱 간절히 바랐습니다. 그래서 "두렵고 떨림으로 너희 구원을 이루라"고 권면했습니다.

그들이 이 말씀을 실천할 수 있도록 이유를 제시해야 했는데, 본문에서 그 이유 중 한 가지를 말하고 있습니다. '두렵고 떨림'이 왜 필요합니까? 그것은 그들을 공격할 요소들이 있기 때문입니다. 바울은 영혼의 은밀한 적들에 대해 경고하며, 이에 대한 대비책을 마련할 수 있도록 편지를 쓰고 있습니다. 그러므로 모든 일을 원망과 시비 없이 하며, 자신의 구원을 이루어 가라고 권면합니다.

1. 하나님의 자녀로서의 신분과 위치

1) 그리스도인은 단순히 선하고 윤리적인 존재를 넘어선 사람입니다.

일부 사람들은 기독교 신앙의 기본 원칙을 부정하면서도 그들이 선하다고 여기는 윤리와 도덕은 유지할 수 있다고 생각합니다. 하지만 그것은 불가능한 일입니다. 바울은 빌립보 성도들에게 '하나님의 자녀들인 여러분은 원망해서는 안 됩니다'라고 말할 때 그들의 신분을 강조합니다.

기독교 윤리와 도덕을 삶에 적용하려는 시도와 신앙의 결과로 나타나는 그리스도인의 행위 사이에는 본질적인 차이가 있습니다. 마치 꽃병에 꽂힌 잘린 꽃과 땅에 뿌리를 내리고 자라는 꽃의 차이와 같습니다. 잘려진 꽃은 한동안 피어 있지만 결국 시들고 맙니다. 그러나 땅에 심긴 꽃은 계속해서 자라납니다. 기독교 신앙과 교리 없이 기독교 윤리와 도덕을 유지하려는 시도는 이와 같습니다.

2) 하나님의 자녀는 오직 그리스도인들뿐입니다(요 1:12).

빌립보 성도들은 태어날 때부터 하나님의 자녀가 아니었습니다. 바울은 그들이 과거 "그리스도 밖에 있었고 하나님도 없는 자"(엡 2:12)였다고 말합니다. 그러나 이제 그들은 그리스도 안에서 가까워지고 하나님의 자녀가 됐습니다. 우리는 하나님의 영을 받고 하나님을 아버지라 부르게 되었으며 그로 인해 하나님의 자녀가 됐습니다.

3) 세상 사람들은 하나님의 자녀가 아니기에 그들과 달라야 합니다.

성경은 그리스도인이 된다는 것이 그렇지 않은 사람들과 전적으로 다른 존재가 되는 것임을 강조합니다. 이 차이는 단순한 정도의 차이가 아니라 본질적 종류의 차이입니다. 또한 삶 속에서 특정한 일을 행하는 양적인 차이가 아니라 질적인 차이입니다. 우리는 하나님과 맺은 특별한 관계를 항상 기억해야 하며 하나님께서 요구하시는 존재가 되어 그분의 뜻을 행해야 합니다.

2. 하나님의 자녀로서 살아가는 방식

바울은 과거 이스라엘 백성이 출애굽 후 광야에서 모세와 하나님을 향해 원망하고 시비했던 사건들을 염두에 두고(출 16:7~8), 빌립보 성도들에게 "모든 일을 원망과 시비 없이 하라"고 권면하고 있습니다. "원망"(γογγυσμός, 공귀스모스, complaining)은 '불평을 품고 수군거리는 것'을 의미합니다. "시비"(διαλογισμός, 디알로기스모스, arguing)는 '악의적인 논쟁'을 뜻합니다.

우리는 흔히 시비가 원망보다 먼저 발생한다고 생각합니다. 즉, 논쟁을 한 후 원망한다고 여기기 쉽습니다. 그러나 그리스도인의 삶에서는 그 반대의 과정이 일어납니다. 그리스도인이 잘못된 길로 빠지는 첫 번째 단계는 하나님의 사랑을 의심하는 것입니다. 그 후, 이러한 의심이 지적인 반역으로 이어지며 결과적으로 시비가 발생합니다. 원망은 하나님에 대한 사랑의 부족을, 시비는 신앙의 부족을 드러냅니다.

그리스도인은 특정한 상황에 처하게 되면 먼저 '왜 하나님께서 이런 일을 행하셨는가?'라는 의문을 제기합니다. 사랑에 대한 의심이 먼저 나타나며 이어서 '이 일의 의미는 무엇인가?'라는 의문이 생깁니다. 이러한 의심은 신앙을 약화시키고 결국 하나님과의 관계를 무너뜨립니다.

원망과 시비는 그리스도인의 삶을 황폐하게 하고 몰락시키는 요소입니다. 그것은 우리의 마음을 불편하게 만들고 낙담하게 하며 모든 상황을 부정적으로 바라보게 만듭니다. 또한 그리스도인의 이름을 욕되게 합니다.

3. "만일 당신이 내 입장이라면, 원망과 시비 없이 살 수 없을 것입니다"라는 해로운 사고에 대한 교정

1) 무엇보다 하나님의 인격을 기억하십시오.

하나님은 거룩하고 공의로우시며 절대적으로 의로우십니다. 그러므로 하나님을 향해 원망하고 불평하고 싶을 때 그분의 본성과 절대적 인격을 기억하십시오. 또한 하나님께서 우리의 아버지 되심을 기억해야 합니다.

2) 하나님의 위대하심과 우리의 보잘것 없음을 상기하십시오.

이것이 문제 해결의 열쇠입니다. 인간의 궁극적인 죄는 하나님을 이해하려는 것입니다. 태초에 에덴동산에서 사람들에게 가해진 유혹도 이것이었습니다. '너희가 신처럼 되지 못할 이유가 무엇이냐?'는 뱀의 유혹을 듣고 인간은 '왜 우리는 선악과를 못 먹도록 금지 명령을 받아야 하는가? 우리는 하나님의 뜻을 이해하기에 충분히 성숙하다. 하나님의 마음을 이해하기 원한다'라고 생각했습니다. 그러나 인간은 유한하고 제한적이며 하나님의 뜻을 온전히 이해할 수 없습니다. 신앙은 하나님께서 주신 계시에 만족하는 것입니다. '하나님, 내가 이해할 수 없는 일이지만, 주께서 내게 알게 하신 것에 만족합니다'라는 태도가 필요합니다.

3) 하나님의 주된 관심은 우리의 성화(聖化)입니다.

하나님은 우리의 영혼을 최우선으로 여기십니다. 우리는 예수 그리스도를 닮아가야 하며 이를 위해 하나님께서는 우리와의 관계를 방해하는 세상적인 요소들을 제거하실 수도 있습니다. 우리가 '왜 이런 일이 일어났는가?'라고 불평할 때 혹시 그것이 하나님과 우리 사이를 갈라놓는 것이 아닌지 돌아보아야 합니다. 그것이 사랑하는 사람의 죽음일 수도 있고 재정적 손실일 수도 있습니다. 그러나 예수님은 하나님께서 자신을 겟세마네로 인도하실 때도 불평하지 않으셨습니다.

우리가 만일 하나님의 자녀라면 하나님과의 관계를 방해하는 세상적인 것들을 물리쳐야 합니다. 하나님께서는 우리를 결코 놓지 않으시며 우리가 그분이 예정하신 상태에 이를 때까지 역사하실 것입니다. 이 사실을 확신한다면 원망과 불평을 버리고 구원의 길을 끝까지 걸어갑시다.

 생각해 봅시다

1. 내 안에 원망과 시비가 생기는 근본 원인은 무엇인가요?
2. 삶에서 '흠 없고 순전한 자녀'로 살기 위해 새롭게 다듬어야 할 습관은 무엇인가요?
3. 내가 가정과 일터에서 어떻게 '생명의 말씀'을 드러내고 있나요?

14

우리는 세상과 달라야 한다

빌립보서 2장 14~16절

"14. 모든 일을 원망과 시비가 없이 하라 15. 이는 너희가 흠이 없고 순전하여 어그러지고 거스르는 세대 가운데서 하나님의 흠 없는 자녀로 세상에서 그들 가운데 빛들로 나타내며 16. 생명의 말씀을 밝혀 나의 달음질이 헛되지 아니하고 수고도 헛되지 아니함으로 그리스도의 날에 내가 자랑할 것이 있게 하려 함이라."

우리는 여전히 바울이 빌립보교회에 준 권면을 살펴보고 있습니다. 바울은 빌립보 성도들에게 하나님께서 자기의 기쁘신 뜻을 위하여 그들에게 소원을 두고 행하게 하시므로 두렵고 떨림으로 구원을 이루라고 권면하고 있습니다. 바울은 그들이 이 권면을 어떻게 실천해야 하는지에 대한 교훈을 주고 있습니다. 먼저 "원망과 시비 없이 하라"는 것입니다. 그리고 15절은 "이는"(ἵνα, 히나)으로 시작하는 가정법으로 앞선 14절의 권면이 이루어져야 하는 목적을 설명합니다. 즉, 왜 원망과 시비 없이 행해야 하는가? 그 이유는 순전하고 흠이 없는 하나님의 자녀이기 때문이며 패역한 세대 가운데서 그들과 달리 빛으로 나타나야 하기 때문입니다.

1. 하나님의 흠 없는 자녀

1) "흠이 없고"(ἄμεμπτοι, 아멤프토이)

이는 우리 안에 비난받거나 비판받을 만한 것이 전혀 없음을 의미합니다. 즉 외적으로 드러나는 도덕적 고결함을 뜻합니다. 주위 사람들이 우리를 보고 관찰하고 주시하며 우리의 삶을 통해 기독교뿐만 아니라 주님과 하나님까지도 판단합니다.

우리의 모범은 주 예수 그리스도이십니다. 사도의 권면은 우리가 그분과 같은 사람이 되어야 한다는 것입니다. 즉 우리의 삶이 비판받을 여지가 없어야 합니다.

2) "순전하여"(ἀκέραιοι, 아케라이오이)

이는 내적으로 나타나는 도덕적 고결함을 의미하며, 죄로부터 격리된 순수함을 뜻합니다. 우리가 외적으로 옳은 행위를 하기 위해서는 반드시 그 행위의 내적 동기를 점검해야 합니다.

3) "하나님의 흠 없는 자녀"

이는 성경이 정한 그리스도인의 기준이며 우리가 달성해야 할 목표이자 이를 위해 힘써야 하는 위치입니다. 우리가 하나님의 자녀이기 때문에 이러한 삶을 살아야 합니다. 감사한 것은 성경이 우리가 결국 흠 없고 순전한 존재가 될 것이라는 약속을 기록하고 있다는 사실입니다. "능히 너희를 보호하사 거침이 없게 하시고 너희로 그 영광 앞에 흠이 없이 기쁨으로 서게 하실 이"(유 24). 그러므로 우리가 해야 할 일은 이러한 목표를 향해 힘쓰는 것입니다.

2. 바울이 이 모든 것을 권면하는 이유

그것은 우리와 세상의 관계 때문입니다. 성경은 거룩한 삶을 살라는 권면을 할 때 그리스도인과 세상의 관계를 동기로 삼습니다. 구약성경에서도 하나님께서는 이스라엘 백성에게 '너희는 하나님의 자녀이기 때문에 다른 민족들과 구별된 삶을 살아야 한다'라고 명하셨습니다(레 11:45).

"세상"(κόσμος, 코스모스)은 사람이 사는 거처를 의미할 수도 있지만 종교적 의미에서는 하나님과 원수 된 존재로서의 세상을 가리킵니다. 즉, 그리스도인이 아닌 사람들의 정신 상태와 삶의 양식, 사물을 바라보는 견해와 방식을 의미합니다. 바울이 말하는 것은 그리스도인은 세상과 본질적으로 다르다는 것입니다.

15절에서 세상을 묘사하는 표현을 보면 이를 더욱 명확히 알 수 있습니다. "어그러지고"(σκολιᾶς, 스콜리아스)는 부정직한 것, 외적으로 비뚤어지고 왜곡된 상태를 의미합니다. "거스르는"(διεστραμμένης, 디에스트람메네스)이는 내적인 특성을 묘사하며 왜곡된 내적 본성을 의미합니다.

모세는 신명기 32장 5절에서 불순종하는 이스라엘 백성을 "흠이 있고 삐뚤어진 세대"라고 표현하였으며 예수님께서도 당시 세대를 "악하고 음란한 세대"(마 12:39), "믿음이 없고 패역한 세대"(마 17:17)라고 하셨습니다.

바울은 하나님의 자녀로서 우리가 세상과 본질적으로 다르다는 원칙을 강조합니다. 그리고 그다음으로 그는 우리가 세상의 빛으로 나타나야 한다고 말합니다. 이는 하늘의 별과 달을 의미하는 단어입니다. 달과 별이 외적인 모습뿐만 아니라 본질적으로도 어두움과 다르듯이 그리스도인은 본질적으로 세상과 달라야 합니다.

안타까운 일은 우리가 우리 안에 신의 성품을 소유하고 있다는 사실을 인식하면서도 본질적인 차이를 세상에 드러내려 하지 않는다는 점입니다. 오히려 세상과 같아지고자 하는 무가치한 소원을 품고 있다는 것입니다.

3. 엉망이고 비도덕적인 세상 속에서 철저하게 다른 모습을 나타내는 방법

우리는 하나님의 흠 없는 자녀로 살아가는 목표를 세우고 구체적으로 삶에서 실천해야 할 것들을 생각해 보아야 합니다.

1) 옷차림에서 세상과 달라야 하며 잘못된 옷차림에 대해 꾸짖을 수 있는 향기로움을 지녀야 합니다.

2) 언어 사용에서 어두움의 감추어진 것들을 경책해야 합니다. 욕설, 저주, 거짓말, 허풍에 대해 진리를 말함으로 경책할 수 있어야 합니다.

3) 정직성의 문제를 분명히 해야 합니다. 세상에서 정직하게 사는 것은 어렵지만 그럼에도 불구하고 그리스도인은 정직해야 합니다.

4) 일에 대한 태도에서 다른 모습을 나타내야 합니다. "무슨 일을 하든지 마음을 다하여 주께 하듯 하고 사람에게 하지 말라"(골 3:23).

오늘날 사람들은 일을 귀찮은 것으로 여기며 최소한의 노력으로 최대한의 소득을 얻으려 합니다. 그러나 우리가 우리의 일터에서 최선을 다해 일하고 정직하게 행동한다면 그것이 우리의 존재를 드러내는 방식이 될 것입니다.

세상은 우리의 삶을 통해 죄를 깨닫게 되어야 합니다. 우리는 세상과 다르게 빛이 되어 감추어진 어둠의 일들을 드러내야 합니다. 세상이 우리로 인해 하나님을 찾도록 해야 합니다. 그리고 우리를 그렇게 되도록 도우시는 분이 계십니다.

———————————————————————————— 생각해 봅시다

1. 세상과 구별된 삶을 살면서도 세상과 단절되지 않으려면 어떻게 해야 할까요?

2. 어그러진 세상에서 내가 놓치지 말아야 할 핵심 가치는 무엇인가요?

3. 나의 삶이 세상에 빛을 비추고 있다면, 사람들은 내게서 어떤 메시지를 받을까요?

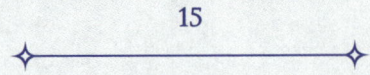

세상에서 빛들로 나타내라

빌립보서 2장 15~18절

"15. 이는 너희가 흠이 없고 순전하여 어그러지고 거스르는 세대 가운데서 하나님의 흠 없는 자녀로 세상에서 그들 가운데 빛들로 나타내며 16. 생명의 말씀을 밝혀 나의 달음질이 헛되지 아니하고 수고도 헛되지 아니함으로 그리스도의 날에 내가 자랑할 것이 있게 하려 함이라 17. 만일 너희 믿음의 제물과 섬김 위에 내가 나를 전제로 드릴지라도 나는 기뻐하고 너희 무리와 함께 기뻐하리니 18. 이와 같이 너희도 기뻐하고 나와 함께 기뻐하라."

하나님의 자녀는 구원을 이루어 가는 과정에서 빛으로서 세상과 구별되어야 합니다. 앞서 우리는 빛 된 하나님의 자녀들이 세상과 달라야 한다는 점을 살펴보았습니다. 이제는 세상에서 빛들로 나타나는 모습이 어떠해야 하는지를 살펴보겠습니다.

"나타내며"(φαίνεσθε, 파이네스테)라는 수동태로 쓰여 '나타나게 되도록'이라고 번역할 수 있습니다. 빛은 존재하는 것만으로도 자연스럽게 어둠을 몰아내듯이 하나님의 자녀들 역시 그 존재 자체로 세상의 영적이며 도덕적인 어두움을 몰아내야 합니다.

1. 생명의 말씀을 밝혀라

1) 빛(16절 '밝혀' ἐπέχοντες, 에페콘테스)은 길을 밝히는 역할을 합니다.

그것은 가야 할 방향을 보여주는 일종의 자동차의 헤드라이트 같은 것입니다. 빛은 단순히 어둠을 몰아내는 것이 아니라 우리가 어디로 가야 하는지를 알려주고 위험을 피할 수 있도록 돕습니다. 그리스도인들은 세상을 계몽하고 가르쳐야 합니다. 즉 구주 예수 그리스도의 복음을 의미하는 또 다른 표현인 '생명의 말씀'을 밝혀야 하는 것입니다.

2) 왜 복음이 생명의 말씀으로 불립니까? 무엇보다도 생명에 대해 말하는 말씀이기 때문입니다.

영적으로 우리는 죄 가운데 죽어있던 자들이지만 복음은 우리가 다른 삶을 살 수 있으며 영생을 얻을 수 있다는 사실을 알려줍니다. 예수님은 니고데모에게 "거듭나지 아니하면 하나님 나라에 들어갈 수 없다"(요 3:1~5)라고 말씀하셨습니다. 또한 복음은 성령을 통해 하나님과 예수 그리스도와 교제하는 길을 알려줍니다. 뿐만 아니라 우리의 영적 생명을 지지하고 양육하며 유지시키는 역할을 합니다(벧전 2:2).

이 말씀은 영적 영양소로 가득 차 있습니다. 영적으로 성장하기를 원한다면 말씀을 먹고 마시십시오. 그러면 여러분의 삶이 영적으로 세움을 받고 발전하며 더욱 강하고 성숙해질 것입니다.

3) 어떻게 이 생명의 말씀을 밝힐 것입니까? 우리의 말과 행동에 능력이 있어야 합니다.

앞서 "흠이 없고 순전하라"라는 말씀을 받았습니다. 실제로 복음을 전하는 것은 우리를 위한 것입니다. 하나님이 주신 기회입니다. 우리는 그리스도인으로서 복음 때문에 현재의 모습이 되었음을 세상에 확실하게 나타내야 합니다. 그러면 우리 자신이 더 귀한 존재가 되고 더 큰 사람이 될 것입니다. 다른 사람들이 우리를 보고 '이 사람의 비밀은 무엇인가? 왜 이 사람은 우리와 다르게 보이는가?'라고 말할 수 있도록 해야 합니다. 우리의 모든 말과 행동은 복음의 전주곡이어야 합니다.

2. 자랑거리가 되라

바울은 마지막 날 심판대 앞에서 자신이 감당한 청지기의 사명에 대해

회계해야 한다는 사실을 깊이 인식하며 살았습니다. 그래서 자신의 사역을 두 가지 비유로 설명합니다. 첫째는 '달음질'입니다. 운동선수가 경주에서 이기기 위해 노력하는 것은 당연한 일입니다. 길고 고된 훈련을 거쳐 경기 당일 최선을 다해 달려야 합니다. 그런데 그렇게 힘든 과정을 통과하고 도착점에 도달했을 때 실격 판정을 받아 아무런 소득이 없다면 그 마음이 얼마나 허망하겠습니까?

둘째는 '옷감을 짜는 수고'입니다. 텐트 하나를 만들기 위해 오랜 시간 동안 힘든 노동을 해야 하는데 그 결과가 불량품으로 판정되어 고객에게 값을 받지 못한다면 그 수고는 허사일 것입니다.

바울은 빌립보 성도들이 복음의 말씀을 굳게 붙잡고 그것을 실천하며 순종할 때 자신의 사역이 헛되지 않고 그리스도의 날에 자랑할 것이 있게 될 것이라고 말합니다.

"자랑할 것"(καύχημα, 카우케마)은 바울이 자주 사용하는 단어로 신약에서 50회나 등장합니다. 그러나 여기에서 자랑은 다른 사람들 앞에서 자신을 과시하거나 과장하여 드러내는 것이 아니라 하나님 앞에서 정당한 기쁨과 보람을 의미합니다.

바울은 데살로니가 성도들에게도 동일하게 말했습니다. "우리의 소망이나 기쁨이나 자랑의 면류관이 무엇이냐? 그가 강림하실 때 우리 주 예수 앞에 너희가 아니냐? 너희는 우리의 영광이요 기쁨이니라"(살전 2:19~20). 또한 바울은 빌립보 성도들에게도 이와 같은 표현을 사용했습니다(빌 4:1).

말씀으로 양육된 성도는 목회자에게 있어 주님 앞에서 자랑할 증거가 됩니다. 여러분도 생명의 말씀을 밝혀 사람들을 주께로 인도하고 말씀으로 양육해 보십시오. 그러면 그들이 여러분의 기쁨이 되고 여러분의 영광과 면류관이 됨을 확인하게 될 것입니다.

3. 희생하는 자리에 서라

바울은 자신을 전제(奠祭)로 드린다고 말합니다. 전제는 제사의 마지막 단계로 제물 위나 제단 아래에 부어지는 포도주 제사를 의미합니다. 바울은 이를 통해 자신의 임박한 순교를 암시하고 있습니다. 빌립보 성도들의 믿음과 행위가 제물이라면 바울은 그들의 신앙이 하나님께 열납되도록 돕는 전제와 같은 역할을 하겠다는 것입니다. 눈에 띄지 않는 작은 부분을 감당하겠다는 것입니다.

바울은 순교할 수도 있는 위치에 처해 있음에도 불구하고 그 마음에는 기쁨이 가득합니다. 그는 이를 네 번이나 강조하며(17~18절) 기쁨을 선포합니다. 이는 바울이 그리스도 예수 안에서(ἐν Χριστῷ Ἰησοῦ, 엔 크리스토 예수) 생사의 비밀을 터득했기 때문입니다(1:21~26).

17절에서 "기뻐하고"(χαίρω, 카이로)와 "함께 기뻐하니"(συγχαίρω, 쉼카이로)는 바울이 자신의 기쁨을 나타낸 것입니다. 18절에서 "기뻐하고"(χαίρετε, 카이레테)와 "함께 기뻐하라"(συγχαίρετε, 쉼카이레테)는 바울이 빌립보 성도들에게도 기뻐할 것을 권면하는 것입니다.

여러분의 현재 위치는 어디입니까? 그곳에서 여러분의 존재는 빛으로 드러나고 있습니까? 오늘날 김포시의 서울시 편입 문제로 논란이 많습니다. 서울의 중랑구와 도봉구의 일부 사람들은 이에 반대하며 그 지역이 더욱 소외될까 염려하고 있습니다. 그들은 '헬스 벨트'라고 불릴 만큼 어려운 환경에서 살아가고 있다고 합니다. 그러나 우리는 은혜와평강교회를 중심으로 빛의 벨트를 형성할 수 있습니다.

여러분의 말과 행동이 다른 사람들을 하나님께로 인도하고 있습니까? 그렇다면 여러분은 기쁨을 누리게 될 것이며 다른 사람들에게 함께 기뻐하자고 선포하게 될 것입니다.

― 생각해 봅시다 ―

1. 오늘 내가 할 수 있는 가장 실제적인 '빛의 행동'은 무엇인가요?
2. 다른 사람의 신앙 성장을 보며 진심으로 기뻐한 경험이 있나요?
3. 내 삶을 바울처럼 '전제'(奠祭)로 기쁘게 드릴 수 있는 영역은 어디인가요?

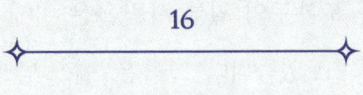

디모데 같은 사람

빌립보서 2장 19~24절

"19. 내가 디모데를 속히 너희에게 보내기를 주 안에서 바람은 너희의 사정을 앎으로 안위를 받으려 함이니 20. 이는 뜻을 같이하여 너희 사정을 진실히 생각할 자가 이밖에 내게 없음이라 21. 그들이 다 자기 일을 구하고 그리스도 예수의 일을 구하지 아니하되 22. 디모데의 연단을 너희가 아나니 자식이 아버지에게 함같이 나와 함께 복음을 위하여 수고하였느니라 23. 그러므로 내가 내 일이 어떻게 될지를 보아서 곧 이 사람을 보내기를 바라고 24. 나도 속히 가게 될 것을 주 안에서 확신하노라."

바울은 앞서 그리스도께서 죽기까지 복종하셨으며 하나님께서 그를 지극히 높이셨다는 사실을 말했습니다. 그리고 이를 모델로 삼아 빌립보 성도들이 복종함으로 구원을 이루어 가야 함을 강조하면서 몇 가지 중요한 원리들을 제시했습니다. 그런데 이렇게 무거운 교리와 윤리를 다루던 바울이 본문에서는 아주 개인적이고 실제적인 사람 이야기를 합니다. 사람은 그 자체로 중요한 존재이기 때문입니다.

(설교 당시) '국민의힘'에서 당 혁신위원장으로 인요한(John Linton) 연세의대 교수를 임명했습니다. 언론에서는 그가 광폭행군을 하고 있다고 보도하며 그가 당을 어떻게 변화시킬지에 대한 기대감을 갖고 있습니다. 한 사람의 영향력이 이처럼 크다면 교회에도 디모데 같은 사람이 필요하지 않겠습니까?

1. 디모데의 파송 계획(19절)

바울은 형편상 빌립보교회를 직접 방문할 수 없었기에 자기 대신 디모데를 보내기를 희망하고 있습니다. 이는 빌립보 성도들에게 좋은 소식을 전하고 그들을 격려하기 위함이며 또한 바울 자신도 그들의 사정을 듣고 위로를 받기 위함입니다.

디모데는 루스드라(현 튀르키예 남부) 출신으로 헬라인 아버지와 유대인 어머니 사이에서 태어났습니다. 그는 경건한 어머니의 신앙교육을 받으며(행 16:1) 어려서부터 성경을 익혔고(딤후 3:15) 바울을 통해 개종했습니다(딤전 1:2,18). 이후 바울의 제2차 전도여행 때부터 바울을 수행하는 동역자로서(행 16:3) 빌립보교회 설립에도 함께 했습니다.

바울은 디모데를 보내는 것은 "바람"(ἐλπίζω, 엘피조, I hope)이라고 표현하고 자신이 후에 방문하는 것은 "확신"(πέποιθα, 페포이타, I trust)이라고 표현하고 있습니다. 이는 바울의 방문에 더 많은 장애물이 있음을 암시합니다. 하지만 그는 디모데를 보내는 일이나 자신의 방문 계획을 인간적인 차원에서 세운 것이 아니라 예수님을 주인으로 인정하며 계획하고 있습니다.

"주 안에서"(ἐν κυρίῳ Ἰησοῦ, 엔 퀴리오 예수)라는 표현은 미래에 대한 자신의 뜻을 내려놓고 전적으로 주님께 맡기는 태도를 의미합니다. 바울은 자신의 희망과 소원, 계획과 기대를 예수 그리스도의 주권 아래 두었습니다. 그의 삶 전체를 다스리는 분은 오직 그리스도이십니다.

바울은 로마 황제의 결정이 자신의 방문 여부를 좌우할 수 있다고 생각하지 않았습니다. 그는 황제의 죄수였지만 스스로를 예수 그리스도의 종이라고 칭했습니다. 로마 군사들에게 묶여 있었지만 디모데를 보낼 수 있는지, 자신이 빌립보에 갈 수 있는지를 결정하는 것은 오직 주 예수 그리스도라고 믿었습니다.

2. 진실한 적임자(20절)

디모데는 바울과 뜻을 같이하는 사람이었습니다. "뜻을 같이 하여"(ἰσόψυχον, 이솝쉬콘)라는 표현은 '한 혼으로', '같은 마음을 가진'이라는 의미입니다. 디모데는 누구보다도 바울의 마음을 깊이 이해하고 있었습니다. 그러므로 디모데가 빌립보에 가서 어떤 결정을 내리든 그것은 곧 바울의 결정과 같은 것이 됩니다. 이는 바울과 디모데가 동일한 마음을 가졌기 때문이 아니라 그리스도의 마음이 그들 안에 동일하게 흐르고 있었기 때문입니다.

디모데는 빌립보 성도들을 향해 진정한 관심을 가지고 있었습니다. "너희 사정을 진실히 생각할 자"라는 표현은 그들의 사정을 염려하며 관심을 갖는 자를 의미합니다. 빌립보 성도들의 형편을 마음에 품고 바울과 같은 뜻을 가지는 것은 결코 쉬운 일이 아닙니다.

3. 그리스도 예수의 일을 구하는 사람(21절)

바울 주위에는 여러 사람이 있었지만 그들은 주님의 일보다 자기 자신의 일을 더 중요하게 여겼습니다. 특별히 이때 빌립보로 가는 사명을 맡길 만한 자격이 있는 사람들 중에도 스스로 가기를 원하지 않은 자들이 있었습니다. 그러나 예수 그리스도는 단순히 우리의 구세주가 되시는 것뿐만 아니라 우리의 '주님'이 되기를 원하십니다. 즉 그분은 우리의 언행심사 일체를 온전히 주관하시며 삶의 가장 윗자리에 서기를 원하십니다.

예수 그리스도가 우리의 삶에서 최우선(priority)이 되어야 합니다. "그런즉 너희는 먼저 그의 나라와 그의 의를 구하라 그리하면 이 모든 것을 너희에게 더하시리라"(마 6:33). "또 무리에게 이르시되 아무든지 나를 따라오려거든 자기를 부인하고 날마다 제 십자가를 지고 나를 따를 것이니라"(눅 9:23).

4. 충분히 준비된 사람(22절)

1) 디모데는 연단된 사람이었습니다.

"연단"(δοκιμή, 도키메)은 시험의 과정과 그 결과를 모두 포함하는 단어로 시험을 통과한 후 합격한 상태를 의미합니다. 바울은 이 단어를 즐겨 사용했으며 신약에서 7번 모두 바울이 기록한 것입니다. 디모데는 여러 시험을 견뎌냈고 그 결과 신실한 인격을 갖추게 됐습니다. 사람이 평소에는 좋은 사람처럼 보일 수 있지만 실제로 함께 지내보아야 그 진가를 알 수 있습니다. 디모데는 하나님 앞에서 인정받았고, 바울도 그를 인정했으며, 빌립보 성도들 또한 그의 신실함을 알 정도였습니다. 연단을 통해 인정받는 신앙 인격을 갖춘다는 것은 매우 귀한 일입니다.

대부분의 사람들은 시험받는 것을 싫어하지만 하나님께서는 우리의 신앙과 인격을 성숙하게 하시기 위해 연단이라는 방법을 사용하십니다. 가구공장에서 참나무와 떡갈나무가 좋은 결을 가진 나무로 인정받는 것은 그것들이 거센 폭풍과 싸우며 단단해졌기 때문입니다.

2) 디모데는 바울과 아버지와 자식처럼 밀접한 관계를 맺고 있었습니다.

그는 바울을 영적 아버지로 섬기며 바울의 목적을 자신의 목적처럼 여기고 바울의 무거운 짐을 덜어주기 위해 최선을 다했습니다. 그리고 그 모든 것은 복음을 위한 것이었습니다. 이처럼 바울과 밀접한 관계 속에서 집중적으로 교육받은 디모데는 바울이 원하는 바를 빌립보 성도들에게 온전히 전달할 수 있는 적임자였습니다. 영적으로 앞선 종과 가까이하며 집중적인 교육을 받는 것은 큰 복입니다.

　하나님께서는 오늘날에도 디모데 같은 사람을 찾고 계십니다. 우리 교회에도 디모데와 같은 일꾼들이 필요합니다. 하나님 나라와 교회의 다양한 사역을 감당할 적임자가 필요합니다. 우리 모두 충분히 준비되어 그리스도 예수의 일을 먼저 구하는 일꾼으로 성장합시다.

 **생각해 봅시다**

1. 나의 신앙 여정에 '한마음으로' 함께할 동역자는 누구인가요?
2. 주변 사람들에게 '진실한 관심'을 표현하기 위해 오늘 내가 할 수 있는 일은 무엇인가요?
3. 나의 삶이 진정으로 '그리스도 예수의 일'을 최우선으로 삼고 있는지 점검해 보셨나요?

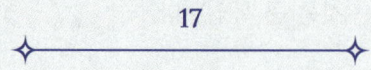

에바브로디도 같은 사람 1

빌립보서 2장 23~25절

"23. 그러므로 내가 내 일이 어떻게 될지를 보아서 곧 이 사람을 보내기를 바라고 24. 나도 속히 가게 될 것을 주 안에서 확신하노라 25. 그러나 에바브로디도를 너희에게 보내는 것이 필요한 줄로 생각하노니 그는 나의 형제요 함께 수고하고 함께 군사 된 자요 너희 사자로 내가 쓸 것을 돕는 자라."

바울이 디모데를 빌립보교회에 파송하기까지는 시간이 다소 걸릴 수 있었습니다. 왜냐하면 자신의 재판 결과가 나온 뒤에 디모데를 보내고자 했기 때문입니다(23절). 그러나 바울의 또 다른 동역자인 에바브로디도는 즉시 빌립보로 갈 준비가 되어 있었습니다. 그는 빌립보교회의 대표 격으로서 빌립보 성도들이 보내준 선물을 바울에게 전달하고 로마에서 바울을 시중드는 일을 담당했습니다. 이제 바울은 이 편지와 함께 그를 빌립보로 돌려보내려 하면서, 그에 대한 언급을 하고 있습니다(25절).

1. 나의 형제

신앙적인 면에서 볼 때 에바브로디도는 바울의 형제로 불립니다. 바울은 대체로 '형제'라는 용어를 '그리스도인'이라는 말과 동의어처럼 사용했습니다. 분명히 그는 그리스도 예수 안에(ἐν Χριστῷ Ἰησοῦ 엔 크리스토 예수) 속한 자로서 바울이 주저 없이 '형제'라고 부를 만큼 확실한 신앙을 가진 사람이었습니다.

'형제'(ἀδελφός 아델포스)라는 단어는 우리 모두가 하나님의 자녀임을 의미합니다. 우리는 당면한 문제에 대한 공통 관심 때문에 모였다가 문밖을 나서는 순간부터 서로 분리되는 정치적 모임이나 문화적 모임과 달리 하나님 아버지를 한 아버지로 모시는 영적 가족의 한 식구입니다.

'형제' 관계는 행동으로 표현되는 무엇입니다. 바울과 에바브로디도, 빌립보교회가 서로에 대해 관심을 둔 것을 보면 알 수 있습니다. 빌립보교회 성도들은 바울이 감옥에 있는 동안 그 옆에서 필요한 것을 돕도록 에바브로디도를 보냈고 에바브로디도는 로마에서 바울에게 큰 도움을 주었습니다. 바울은 이제 빌립보교회가 에바브로디도를 필요로 한다는 사실을 알고 그를 돌려보내려 합니다. 바울의 관심사는 그들의 필요를 채우는 일이었습니다.

2. 함께 수고하는 자

"함께 수고하는 자"(συνεργὸν 쉬넬곤)라는 표현은 동역자(fellow worker)를 뜻하는 말로 모든 그리스도인에게 꼭 맞는 표현입니다. 에바브로디도는 병들어 죽을 지경에 이를 때까지 바울의 복음 사역을 함께했습니다. 그 이유는 그것이 하나님의 일이기 때문입니다. 이런 의미에서 우리 모두는 동역자입니다. 우리 역시 동일한 주인을 섬기며 생명의 말씀을 밝히는 일에 힘쓰고 있습니다.

디모데를 소개할 때 바울이 말했던 것을 떠올려 보면 좋겠습니다. 다른 사람들은 예수 그리스도의 일이 아니라 자기 일을 구하지만 디모데는 그렇지 않다고 했습니다(21절). 그리스도를 위해 일한다는 것은 그리스도께 가장 높은 우선순위를 두는 것에서 출발합니다. 그리고 다른 사람들의 일을 돌아보는 단계로 나아가야 합니다(2:4). 바울 역시 이 법칙을 몸소 실천했습니다.

3. 함께 군사 된 자

이것은 에바브로디도가 살아계신 하나님의 군대에 속한 군사라는 뜻입니다. 천국의 일꾼은 군사라고도 할 수 있습니다. 왜냐하면 복음을 전하다 보면 유대주의자, 헬라와 로마의 조롱자, 황제 숭배자, 쾌락주의자 등 수많은 대적자를 만나게 되기 때문입니다. 에바브로디도가 군사로서 맡은 임무를 잘 감당했다는 것은 30절에서 설명됩니다. 바울이 군사 용어를 쓴 것은 에바브로디도가 복음을 위하여 바울과 함께 목숨을 걸고 대적자들과 싸웠음을 나타냅니다(1:28, 30). 또한 이것은 복음 사역뿐만 아니라 사역에 따르는 고통까지도 함께 나누었음을 의미하기도 합니다.

우리 또한 어두움의 세상 주관자들과 하늘에 있는 악한 영들과 함께 싸우는 '함께 군사된 자'(fellow soldier)입니다. 이 세력들은 인간을 실망시키고 영혼을 멸망시키기 위해 우리를 대적하고 하나님을 향해 대항합니다. 또한 교회 안에서도 교회의 순결을 깨뜨리는 그릇된 교리와 싸워야 하며, 교회의 하나 됨과 화평을 해치는 세력에도 맞서야 합니다. 용기를 가지고 대장 되신 예수님과 함께 싸워나갑시다.

4. 너희 사자로 나의 쓸 것을 돕는 자

"사자"(ἀπόστολος 아포스톨로스)는 교회가 특정 사명을 수행하도록 지명한 자를 가리킵니다. 교회를 대표해 파송될 정도면 여러 면에서 인정받는 사람일 것입니다.

"나의 쓸 것을 돕는 자"라는 말은 에바브로디도의 임무가 빌립보교회를 대표하여 바울에게 선물을 전달하고 바울의 필요를 돕는 일까지 포함함을 의미합니다. 단순히 선물을 전달하는 데 그치지 않고 그 자신이 빌립보 성도들의 선물이 되어 바울을 도운 것입니다. 바울을 위해 한 이 일은 곧 복음을 위한 것이며 결국 예수님을 위한 일이기도 합니다. "돕는"(λειτουργὸν 레이툴곤)이라는 말은 제사장 사역을 가리킬 때 자주 사용되는 표현입니다. 즉 에바브로디도의 사역은 바울을 돕는 거룩한 제사장적 봉사라는 뜻입니다.

우리도 에바브로디도 같은 인정받는 사람이 됩시다. 우리 교회에도 그러한 일꾼이 필요합니다. 서로를 형제, 자매라 부를 수 있는 성도들이 많아진다면 함께 일하고 함께 싸우며 서로의 필요를 채워주는 복된 교회를 이룰 수 있을 것입니다.

생각해 봅시다

1. 나의 삶에 '에바브로디도'처럼 사랑을 전하고 중재해야 할 영역은 어디인가요?

2. 신앙생활에서 나는 지금 누구와 '함께 군사'로 협력하며 싸우고 있나요?

3. 나의 작은 섬김도 거룩한 봉사로 여기고 있는지 스스로 돌아보셨나요?

18

에바브로디도 같은 사람 2

빌립보서 2장 26~30절

"26. 그가 너희 무리를 간절히 사모하고 자기가 병든 것을 너희가 들은 줄을 알고 심히 근심한지라 27. 그가 병들어 죽게 되었으나 하나님이 그를 긍휼히 여기셨고 그뿐 아니라 또 나를 긍휼히 여기사 내 근심 위에 근심을 면하게 하셨느니라 28. 그러므로 내가 더욱 급히 그를 보낸 것은 너희로 그를 다시 보고 기뻐하게 하며 내 근심도 덜려 함이니라 29. 이러므로 너희가 주 안에서 모든 기쁨으로 그를 영접하고 또 이와 같은 자들을 존귀히 여기라 30. 그가 그리스도의 일을 위하여 죽기에 이르러도 자기 목숨을 돌보지 아니한 것은 나를 섬기는 너희의 일에 부족함을 채우려 함이니라"

'씨알의 소리'를 발간한 사회운동가 함석헌 씨는 잘 알고 계시죠? 성악가 함석헌 씨의 찬송을 자꾸 들으니 이제는 성악가 함석헌도 익숙하게 들리지요? 에바브로디도라는 이름도 점점 친근하게 느껴집니까? 발음은 어렵지만, 우리의 신앙 선배로서 여러분의 마음에 존경심으로 다가옵니까? 신앙생활조차 쉽지 않았던 로마 치하에서 복음을 위해 목숨을 걸고 바울을 돕는 것은 결코 평범한 일이 아니었습니다. 그럼에도 불구하고 에바브로디도는 자신의 생명을 아끼지 않고 이 일을 감당했던 것입니다.

1. 다른 사람을 사랑하는 일꾼

그의 사랑은 먼저 자기 모 교회와 그 성도들을 간절히 사모하는 마음에서 나타나고 있습니다. 26절에 나오는 "간절히 사모하다"(ἐπιποθῶν, 에피포톤)라는 표현은 절실한 갈망과 깊은 사모심을 나타냅니다. 현재분사형으로 쓰여 빌립보 성도들에 대한 그의 사모함이 과거부터 현재까지 지속되고 있음을 보여줍니다. 이 단어가 가족이나 친지와의 관계에서 사용될 때, 견디기 어려울 정도의 그리움을 의미합니다.

바울이 성도들을 "예수 그리스도의 심장으로 사모한다"(1:8)라고 했듯이 에바브로디도 역시 동일한 마음을 품고 있었습니다. 누군가를 보고 싶어 하고 사모한다는 것은 사랑하고 있다는 증거입니다.

그의 사랑은 또한 교회를 향한 진정한 염려 속에서도 잘 드러나고 있습니다. "심히 근심하고"(ἀδημονῶν, 아데모논)는 '고뇌와 슬픔으로 가득 차다'라는 의미로 겟세마네 동산에서 주님의 고뇌를 표현할 때 사용된 단어입니다(마 26:37). 그의 병든 소식이 성도들의 근심을 불러일으켰고 성도들의 근심은 다시 에바브로디도의 근심을 낳았습니다. 이것은 우리가 그리스도 안에서 한 몸이 된 유기체로서 동일한 운명 공동체임을 보여줍니다(고전 12:26).

그의 사랑은 단순한 감정이 아니라 그리스도의 일을 위해 자기 목숨까지 돌아보지 않는 헌신에서 절정에 이릅니다(30절). 그는 그리스도를 섬기는 일, 바울을 돕는 일을 위해 자신의 생명을 내걸었습니다. 당시 로마에서는 대다수 시민이 황제에게 충성을 맹세하는 분위기 속에서 그리스도를 위해 일한다는 것은 개인적인 위험과 엄청난 어려움을 동반하는 일이었습니다. 그는 처형될지도 모르는 죄수인 바울을 가까이에서 돌보고 조력하면서 큰 위험을 감수했습니다. 또한 로마에서 복음을 전하는 동안 핍박과 고통을 당하며 기력이 쇠진해 결국 죽음의 문턱까지 갔습니다.

에바브로디도의 헌신적인 삶은 초대교회 성도들에게 큰 영향을 미쳤습니다. 그의 모범을 따라 '파라볼라노이'(παραβολάνοι)라는 그룹이 생겨났습니다. 이들은 '위험을 무릅쓰는 자들'이라는 뜻을 가진 이름처럼 병자를 돌보고 감옥에 갇힌 자들을 방문하며 순교자들과 때로는 원수들까지도 정중하게 장례를 치러주는 일을 맡았습니다(행 8:2).

2. 다른 사람에게 영적 유익을 끼치는 일꾼

에바브로디도는 하나님의 긍휼로 기적적으로 병에서 회복되었지만 빌립보 성도들은 여전히 그의 상태가 궁금할 수밖에 없었습니다. 이러한 상황을 잘 파악한 바울은 그들이 사랑하는 에바브로디도를 예상보다 훨씬 빨리 빌립보로 돌려보내어 성도들이 기쁨을 누릴 수 있도록 배려했습니다(28절). 에바브로디도의 건강 회복도 중요했지만 그러한 일꾼과 함께 한다는 사실 자체가 빌립보 성도들에게 큰 기쁨이 됐습니다. 이렇게 그는 다른 성도들에게 유익을 끼치는 사람이었습니다.

그가 바울에게 극찬을 받고 성도들에게 영적 유익을 끼칠 수 있었던 이유는 그의 헌신적인 수고뿐만 아니라 그의 일하는 동기 또한 선했기 때문입니다. 그는 자신의 유익이나 영광을 구하지 않고 오직 그리스도의 영광을 위해 일했습니다.

이러한 자는 존귀함을 받을 자격이 있습니다. 29절에서 "존귀히 여기라"(ἔντιμος, 엔티모스)는 '존경하라', '존대하라'는 뜻입니다. 존귀한 자가 성도들 가운데 있다는 사실 자체가 교회에 큰 유익이 됩니다.

3. 하늘과 땅에 충실한 삶을 사는 일꾼

그리스도인의 삶은 매우 고상하고 거룩한 동시에 인간적인 감정을 자연스럽게 드러내는 삶이기도 합니다. 참된 그리스도인이 되기 위해 인간적인 감정을 억제하고 초자연적인 존재가 되어야 한다는 생각은 잘못된 것입니다.

바울은 "내게 사는 것이 그리스도니 죽는 것도 유익함이라"(1:21)고 말하며 신령한 교제를 나누는 자였지만 한편으로는 디모데를 빌립보에 보내어 교회의 형편을 알고 위로를 받고자 하는 인간적인 모습을 보였습니다.

에바브로디도 역시 마찬가지였습니다. 그는 예수님을 위해 목숨을 내놓을 만큼 영적으로 성숙한 사람이었지만 자기 교회 성도들을 만나고 싶어 하는 그리움도 간직한 사람이었습니다. 그는 고차원적이고 신령한 사람이었지만 동시에 빌립보 성도들과의 사랑을 나누는 데 있어서 너무도 자연스러웠습니다. 기도하고 신령한 태도를 취하는 것과 생활 속에서 성도들과 사랑을 나누는 것은 결코 분리될 수 없는 신앙의 모습입니다.

우리 교회에도 에바브로디도 같은 사람이 많이 배출되기를 소망합니다. 다른 성도들에게 사랑받기를 원하기보다 내가 먼저 다른 성도를 사랑합시다. 나로 인해 다른 성도들이 영적 유익을 얻을 수 있도록 말하고 행동합시다. 하늘과 땅의 삶에 충실했던 바울과 에바브로디도처럼 우리도 신앙과 삶의 균형을 이루며 살아갑시다.

────────────────────────────── 생각해 봅시다

1. 에바브로디도처럼 사랑을 행동으로 표현하는 삶을 살고 있나요?

2. 주님의 일을 위해 기꺼이 위험을 감수할 마음이 있으신가요? 그 선은 어디까지인가요?

3. 내가 교회와 공동체의 기쁨을 가져오는 존재가 되려면 어떤 모습이어야 할까요?

19

주 안에서 기뻐하라

빌립보서 3장 1절

"1. 끝으로 나의 형제들아 주 안에서 기뻐하라 너희에게 같은 말을 쓰는 것이 내게는 수고로움이 없고 너희에게는 안전하니라."

바울은 빌립보 성도들에게 주 안에서 기뻐하는 법을 가르치고자 이 편지를 썼습니다. 그는 그들에게서 기쁨을 빼앗아 갈 만한 여러 가지 요소들에 대해 말했습니다. 바울이 감옥에 갇혀 있다는 사실은 빌립보 성도들을 낙담하게 만들기 쉬웠습니다. 그래서 그는 '나 때문에 근심할 필요가 없다. 내게 사는 것이 그리스도니 죽는 것도 유익하기 때문이다'(1:21)라고 말했습니다.

빌립보 성도들이 겪고 있던 핍박에 대해서는 기쁨을 계속 유지하기 위해 어떻게 대처해야 하는지를 보여주었습니다. "너희 안에 이 마음을 품으라 곧 그리스도 예수의 마음이니"(2:5). 또한 자신이 빌립보에 있지 않더라도 낙담할 필요가 없음을 말합니다. "너희 안에서 행하시는 이는 하나님이시니~"(2:13).

바울은 본문에서 이제 마지막으로 "주 안에서 기뻐하라"(χαίρετε ἐν κυρίῳ, 카이레테 엔 퀴리오)라고 명령하고 있습니다. 그리고 "나의 형제들아"(ἀδελφοί μου, 아델포이 무)라는 호칭을 사용하여 빌립보 성도들을 향한 깊은 애정을 드러냅니다.

바울은 디모데의 파송과 에바브로디도의 환송을 권면하는 삽입구(2:19~30)를 마무리하며 새로운 단락에 들어가기 전에, 그 이전(2:17, 18)에서 강조했던 기쁨을 다시 한번 상기시킵니다. 이는 성숙한 성도가 신앙 안에서 가져야 할 태도를 되새기기 위한 것입니다.

1. 주 안에서 기뻐하는 것은 무엇을 의미하는가?

1) 명령입니다.

기쁨이 단순히 수동적이거나 주관적인 감정 상태로 머무는 것이 아니라는 사실을 보여줍니다. 우리는 앉아서 '갑자기 기뻐질 것이다'라고 기다리기만 해서는 안 됩니다. 기뻐하기 위해 우리 스스로 무언가를 해야 합니다.

2) 두 가지 위험 요소가 즉각적으로 떠오릅니다.

첫째, 감정을 직접 공략하여 기쁨의 상태를 만들어내려는 시도입니다. 어떤 이들은 기쁨과 행복이 감정 영역에 있으므로 우리 스스로를 감정적으로 자극해 행복한 상태로 들어가야 한다고 말할 수 있습니다. 그래서 약물이나 인위적인 수단으로 환경을 조작하고 환상과 공상의 영역에 머무르려 합니다. 세상은 고통과 불행으로 가득 차 있으며 끔찍한 일들이 우리의 삶을 위협하고 있습니다. 하지만 많은 사람들은 이를 기독교적인 방식으로 극복하기보다 의도적으로 문제를 외면하고 인위적인 행복과 만족감을 만들어내려 합니다.

둘째, 그리스도인들이 밝고 행복해 보이려고 꾸미는 태도입니다. 행복한 척하는 사람과 실제로 행복한 사람 사이에는 큰 차이가 있습니다. 진정으로 행복하다면 다른 이들도 그 사실을 직감할 수 있습니다.

3) 우리의 기쁨은 언제나 '주 안에서'라는 신분을 깨닫는 데에서 나옵니다.

내가 누리는 기쁨은 주 안에서 맺고 있는 하나님과의 관계에 집중할 때 생겨나는 열매라고 할 수 있습니다.

2. 왜 우리는 주 안에서 기뻐해야 하나?

1) 주님을 위하여

우리에게 주어진 위대한 구원은 예수 그리스도를 통해 이 땅에서 실현되도록 하나님의 계획에 따라 이루어진 것입니다. 하늘의 천사들도 이 구원이 세상에서 펼쳐지는 모습을 보고자 합니다. 구원은 하나님의 작품입니다.

2) 다른 사람들을 위하여

불행과 고통 속에서 해결책을 찾지 못해 절망하고 인생을 그만두려는 유혹을 받는 사람들을 보면 기뻐하기가 쉽지 않을 수도 있습니다. 그러나 그럼에도 불구하고 기뻐하라는 이 새로운 삶을 보여주는 것, 그들과 전혀 다른 길을 비추는 것이 우리의 몫입니다. 그래서 그들이 우리의 삶을 보고 '내게도 소망이 있다'라고 말하도록 해야 합니다.

3) 우리 자신을 위하여

이것이 우리가 직면하는 대부분의 위험에 대한 가장 강력한 안전책이기 때문입니다. "안전하니라"(ἀσφαλές, 아스팔레스)는 '실패함이 없는'을 뜻합니다. "~ 여호와로 인하여 기뻐하는 것이 너희의 힘이니라 ~"(느 8:10).

우리는 행복할 때 더 잘 일할 수 있습니다. 또한 잘못된 동기로 복음을 전하는 이들을 대하는 데에도 큰 안전책이 됩니다. 바울은 자신을 공격하는 자들에게 큰 상처를 입지 않고도 이겨낼 수 있었습니다. 왜냐하면 바울이 자신의 명성이 아니라 하나님과 복음을 위해 일했기 때문입니다.

우리를 민감하게 만드는 것 중 하나가 바로 자의식과 자존심입니다. 이때 필요한 것은 주 안에서 기뻐함 즉 자신을 잊고 주님을 위해 일하는 태도입니다(2:3~4). 더 나아가, 우리가 의지하는 사람이 위험에 처했을 때도 큰 안전책이 됩니다.

빌립보 성도들은 바울 없이 어떻게 해야 할지 몰라서 염려하고 있었습니다. 바울은 '바울 안에서 기뻐할 것이 아니라 주 안에서 기뻐해야 한다'라고 말합니다.

주 안에서 기뻐하는 것만이 실망시키지 않는 유일한 기쁨입니다. 다른 어떤 것을 기쁨과 행복의 기초로 삼아도 결국에는 그것이 제거되고 우리는 혼자 남게 될 날이 옵니다. 세상의 모든 것은 지나가고 우리가 이 땅의 삶을 떠나는 순간 그것들이 우리와 함께하지 못한다는 사실을 깨닫게 될 것입니다. 그러나 이 기쁨은 결코 우리를 실망시키거나 떠나지 않을 것입니다. 로마가 바울을 감옥에 가둘 수 있어도 그리스도인으로서의 기쁨은 빼앗을 수 없었던 것과 같습니다.

어떻게 주 안에서 기뻐할 수 있을까요? 그리스도를 묵상해야 합니다. 그분이 우리를 위해 행하신 일을 떠올리고 지금도 우리를 위해 일하시는 바를 기억해야 합니다. 주님을 생각하지 않고는 주 안에서 기뻐할 수 없습니다.

우리를 유혹하는 많은 것들에서 눈을 돌려 그분을 깊이 생각합시다(히 12:1~2). 주님이 우리의 삶에 들어오셔서 환경을 변화시키고 소망과 확신을 일으키시는 은혜의 방식을 경험해 보십시오.

주 안에서 기뻐합시다. 그리고 다른 사람들도 기뻐하도록 구원받은 자로서 새로운 삶을 살아갑시다. 세상을 이기고 담대히 살아가는 모습을 통해 다른 이들에게도 '기뻐하라'고 외치며 격려합시다.

────── 생각해 봅시다

1. 현재 나의 기쁨은 어디서부터 오는지 진지하게 점검해 보셨나요?
2. 같은 진리라도 반복적으로 들을 때 진지하게 받아들이고 계시는가요?
3. 내 삶에서 진정한 자유를 억누르는 잘못된 기준이나 가치가 있지는 않나요?

20

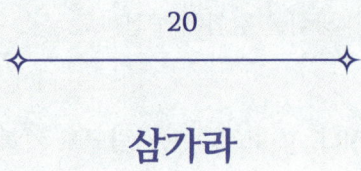

삼가라

빌립보서 3장 1~2절

"1. 끝으로 나의 형제들아 주 안에서 기뻐하라 너희에게 같은 말을 쓰는 것이 내게는 수고로움이 없고 너희에게는 안전하니라 2. 개들을 삼가고 행악하는 자들을 삼가고 몸을 상해하는 일을 삼가라."

여러분이 가진 사진 중에 활짝 웃는 모습이 담긴 사진이 있습니까? "주 안에서 기뻐하라"는 말은 빌립보서 전체의 주제입니다. 바울은 빌립보 성도들이 이 기쁨을 얻을 뿐 아니라 계속 유지할 수 있도록 돕고자 이 편지를 썼습니다. 그래서 1~2장에서도 이 기쁨을 방해하는 것들에 대해 말했습니다.

오늘 본문에서도 빌립보교회의 기쁨을 훼손하는 한 가지 문제에 대해 말하며 성도들을 권면하고 있습니다. 그것은 '유대주의자'라 불리는 사람들이 전파하고 있던 파괴적인 가르침과 오류였습니다. 그들은 그리스도의 이름을 내세웠지만 사실상 참된 기독교의 모든 것을 전복시키는 교리와 주장을 펴고 있었습니다.

바울은 빌립보 성도들이 이러한 다른 교리를 믿게 된다면 그리스도 안에 있는 그들의 자리가 무너질 것을 우려하여 단호하게 이 문제를 다룹니다.

1. 이미 말한 사실을 반복해서 말한다.

"같은 말"은 '기쁨'을 가리키거나 포함한다고 볼 수도 있고, 이어 나올 2절의 경고 역시 평소에 바울이 강조해 온 말임을 시사합니다. 그리스도인들은 신앙의 기본적인 문제들에 대해 완전히 옳고 명확하다고 스스로 믿는 유혹에 빠지기 쉽습니다. 바울은 다른 서신에서 사람들이 바른 원칙을 확고히 하지 못해 편지를 쓴다고 밝히기도 했습니다.

우리는 예수 그리스도의 복음에 기초한 신앙생활이 으뜸이라는 사실을 자주 상기해야 합니다. 겉보기에는 성도들의 믿음이 온전하고 건전해 보이지만 실제 행동에서 근본적인 부분이 잘못되었음이 드러나기도 합니다.

2. 삼가라

바울은 빌립보 성도들의 기쁨을 없애고 그들의 위치를 흔들어 놓으려는 자들에 대해 이겨내려면 "삼가라"(βλέπετε, 블레페테)라는 말을 세 번 반복하며 경고합니다. 이 단어는 기본적으로 '보다'라는 뜻이나, 명령형으로 쓰일 때는 '조심하라', '주의하라', '삼가라'라는 의미를 지닙니다. 세 번 반복한다는 것은 바울이 결코 과장해서 경고하는 것이 아니라 이 문제가 매우 중요하기 때문입니다.

바울은 어떤 수고도 아끼지 않고 이 문제를 강조합니다. 마치 사회자가 중요 공지를 위해 사회봉을 치는 것처럼 말입니다. 곧 빌립보교회가 영적으로나 도덕적으로 해이해지지 않고 안전하게 보존되길 원한 것입니다.

1) 개들을 삼가라

바울은 유대주의자들이 퍼뜨리는 위험한 가르침을 알고 있었기에 그들을 '개들'이라 불렀습니다. 이들은 '은혜로만 구원받는다'라는 교리에 반대하고, 하나님의 은혜와 인간의 공로를 섞더니 결국 인간의 공로를 더 강조했습니다.

유대인들이 이방인들에게 조롱 섞인 표현으로 '개들'을 사용했는데 바울은 이를 그들에게 돌려주고 있습니다. 여기서 '개'(κύων, 퀴온)는 길을 배회하며 더러운 것을 먹고 다투고 행인을 공격하는 떠돌이 개를 말합니다. 예수님도 하나님의 진리를 대적하는 자들을 지칭할 때 '개'를 사용하셨습니다(마 7:6).

예수님에 대한 믿음으로 구원받는 진리를 왜곡시키며 바울이 가는 곳마다 괴롭히는 유대주의자야말로 이런 '개' 같은 자들이었습니다. 바울이 신랄하게 말하는 이유는 그들이 거룩한 공동체를 더럽히고 파괴하기 때문입니다.

2) 행악하는 자들을 삼가라

바울은 이들을 'κακοὺς ἐργάτας'(카쿠스 엘가타스), 즉 '악을 행하는 자들'이라 부르는데 여기서 '행하는 자들'(ἐργάτας)은 일꾼(workers)을 뜻합니다. 그들은 교회 안에서 열심히 일하는 일꾼처럼 보였으나 실은 하나님의 은혜를 대적하는 결과를 초래했기에 악한 일꾼으로 칭해집니다.

열심히 활동하기는 해도, 결론적으로는 선한 일을 돕기보다 훼손시키고 있었던 것입니다. 그들은 '자신은 선행자'라고 생각하지만 실세로는 아름다운 하나님의 은혜와 화평의 궁전을 파괴하고 있었습니다.

3) 몸을 상해하는 일을 삼가라

"몸을 상해하는 일"(κατατομήν, 카타토멘)은 유대인에게 있어서 올바른 할례와 대조되는 의미로 사용됩니다. 본래 할례는 아브라함 언약의 표로써 아브라함의 육체적 자손인 남자에게 시행된 것이었습니다. 그러나 시간이 흐르며 상징만 중시하고 마음의 헌신은 무시하는 식으로 변질됐습니다. 할례만 행하면 되는 것으로 생각하게 된 것입니다.

　바울은 할례가 의식으로서 유대인들에게 시행될 때는 나쁘게 말하지 않습니다. 그러나 그리스도 안에서 이미 성취된 언약 관계를 놔두고 그리스도인들에게까지 이 의식을 강요하는 것에는 격노합니다. 그리스도께서 오심으로 할례가 예표하던 모든 것이 십자가와 부활에서 완전히 실현되었으므로 은혜로 거듭난 그리스도인에게 육체적 할례는 의미가 없다고 주장합니다. 따라서 바울은 이를 경멸적으로 "몸을 상해하는 일"이라고 부르는 것입니다.

　우리에게는 외적 의식보다 내적인 헌신이 더 중요합니다. 마음의 할례(레 26:41, 신 10:16)는 낮아진 마음을, 귀의 할례(렘 6:10)는 들을 수 있는 귀를, 입술의 할례(출 6:12, 30)는 둔한 입을 고백함을 의미합니다. 이러한 것들이야말로 진정한 그리스도인의 할례입니다(골 2:11~12).

　오늘날 우리가 삼가야 할 것은 무엇일까요? 우리의 신분이 파괴되지 않도록 잘못된 교리와 행동에 주의해야 합니다. 마음에 기쁨이 사라졌다면 무엇인가에 의해 우리의 신분이 흔들렸기 때문입니다. 공동체 안에서 은혜와 화평을 깨뜨리는 말과 행동을 경계합시다. 그리고 주 안에서 기뻐하는 삶을 계속해서 누립시다.

— 생각해 봅시다

1. 나의 신앙을 흔들리게 하는 잘못된 가르침이나 가치관이 있다면 무엇인가요?

2. 바울이 강력하게 경고한 잘못된 영향력으로부터 나는 어떻게 자신을 지키고 있나요?

3. '주 안에서 기뻐하는 것'이 영적 안전장치가 되기 위해 오늘 내가 실천할 수 있는 것은 무엇인가요?

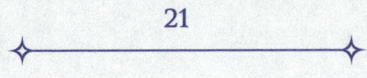

성령으로 예배하라

빌립보서 3장 1~3절

"1. 끝으로 나의 형제들아 주 안에서 기뻐하라 너희에게 같은 말을 쓰는 것이 내게는 수고로움이 없고 너희에게는 안전하니라 2. 개들을 삼가고 행악하는 자들을 삼가고 몸을 상해하는 일을 삼가라 3. 하나님의 성령으로 봉사하며 그리스도 예수로 자랑하고 육체를 신뢰하지 아니하는 우리가 곧 할례파라."

바울은 유대주의자들의 파괴적인 교훈과 오류에 대해서 빌립보 성도들에게 "삼가라"고 경고했습니다. 그런 후에 바울은 무엇이 진정한 그리스도인이 되게 하는지에 대해 긍정적인 진술을 제시함으로써 이 문제의 중요성을 깊이 각인시키고 있습니다. 진정한 그리스도인이 어떤 존재인지를 3절에서 세 가지로 정의하고 있습니다. 올바른 신앙(기쁨)을 누리기 위해서는 잘못된 것도 알아야 하지만 바른 것이 무엇인지도 알아야 합니다.

오늘은 그 첫 번째로 "하나님의 성령으로 봉사하고"(πνεύματι θεοῦ λατρεύοντες, 프뉴마티 쎄우 라트류온테스)를 살펴보겠습니다. 'λατρεύοντες'(라트류온테스)는 '봉사하다', '섬기다', '예배드리다'라는 뜻입니다. 즉 '하나님의 성령으로 예배하고'(worship by the Spirit of God)라고 번역할 수 있습니다.

하나님의 성령으로 말미암아야만 영적인 예배를 드릴 수 있습니다. "하나님은 영이시니 예배하는 자가 영과 진리로 예배할지니라"(요 4:24).

1. 참된 예배와 그릇된 예배

성령으로 예배한다는 것은 유대주의자들의 그릇된 교훈과 반대되는 형태로 표현됩니다. 유대주의자들은 할례를 받아야 하고 유대교 의식과 성전예배로 되돌아가야 한다고 주장합니다. 그러나 그리스도인들은 영으로 예배하는 자들입니다. 다른 것들이 더 이상 필요하지 않음을 아는 사람들입니다. 이는 마음으로 드리는 예배이므로 육신적인 문제들에 의해 방해받지 않습니다. 예배자가 육신의 할례를 받았는지, 예배 장소가 그리심 산인지 예루살렘인지, 그 장소가 아름다운지 등은 아무런 문제가 되지 않습니다.

겉모습만 갖추는 것이 아니라 진정한 경외심을 가지는 것입니다. 참된 예배자는 일찍 예배에 참석한 후 남은 시간을 자기 마음대로 사는 사람이 아니라 하루종일 영과 진리로 예배하는 자입니다. 태도 몇 가지로 예배의 옳고 그름을 판단하기는 어렵습니다. '실제로 하나님께 예배하고 있는가?'라는 물음 앞에 각자가 답해야 합니다.

2. 예배를 정말 드리고 싶어 드리는가?

그리스도인들은 성령의 역사하심의 결과로 예배하는 자들입니다. 그 결과 예배는 더 이상 의무가 아니라 욕구가 됩니다. 오늘도 하나님께 예배드리고 싶어서 달려오셨으리라 믿습니다. 성령으로 예배한다는 것은 마음이 감동되고 인도함을 받음을 스스로 인식하며 예배드리는 것을 의미합니다. 우리 대부분은 억지로 예배해 본 경험이 있습니다.

3. 성령으로 예배하는 것은 어떤 것인가?

1) 성령으로 예배하는 것은 차갑고 형식적인 것이 아닙니다.
성령으로 예배하는 곳에는 따뜻함과 사랑이 있고 자유가 있습니다(롬 5:5). 성령이 우리 안에 계시면 반드시 하나님의 사랑이 자리합니다. 예배에는 따뜻함이 있어야 합니다. 찬양에 몰입할 줄 아는 것은 성령이 주시는 열정입니다.

2) 우리는 영으로 예배하면 할수록 점점 더 수단에 의지하지 않게 됩니다.

여기서 '수단'은 건물이나 의식, 다른 사람을 뜻합니다. 예배하기 위해 무엇을 우선적으로 찾는가를 돌아봐야 합니다. 성도들이 점점 더 하나님을 알고 성경적 의미에서 예배하게 되면 마음으로부터 기도가 우러나오는 모습을 발견합니다. 영적으로 깊어질수록 친구들에 대한 의존도가 줄어들며 하나님과 일대일로 교제하는 자유를 누리게 됩니다.

3) 영으로 예배하는 성도는 하나님이 자기 곁에 계심을 압니다.

그는 하나님을 먼 추상적 존재나 철학적 개념으로 여기지 않습니다. 하나님의 임재를 인식합니다. 만일 그가 성령의 인도를 받는다면 전능하신 이의 임재 속에 거함을 분명히 깨닫습니다. 이는 참된 예배를 평가하는 놀라운 시금석입니다.

4) 한편으로는 경외심과 경건한 두려움을 또 한편으로는 '아빠 아버지'라고 부르짖는 양자의 영을 갖고 있어야(롬 8:15) 영으로 예배한다고 확신할 수 있습니다.

하나님의 임재를 아는 성도는 그분의 거룩함을 느끼고 자신의 무가치함을 깨닫습니다. 쉽게 그 앞에 나아갈 수 없습니다. "~ 경건함과 두려움으로 하나님을 섬길지니"(히 12:28). 그러나 동시에 우리는 다시 무서워하는 종의 영을 받지 않았고 양자의 영을 받았으므로 "아빠(Aββα) 아버지"라 부릅니다. 유대인들은 기도 중에 하나님을 '아빠'라고 부를 수 없었고 기도의 문헌에서도 찾아볼 수 없었습니다. 하나님을 '아빠 아버지'로 부르며 예배드리는 것, 그것이 참되고 궁극적인 영적 예배입니다.

우리는 그분이 추상적인 존재가 아님을 압니다. 그분은 아버지의 사랑으로 우리를 사랑하시어 우리를 구원하기 위해 아들을 십자가에 내어주셨습니다. 우리 머리털까지 세실 정도로 깊이 관심을 가지고 계십니다. 우리 인생에 어떤 일이 벌어진다 해도 하나님을 벗어나서 일어날 수는 없습니다.

나의 예배는 영으로 드리는 예배입니까, 아니면 형식적입니까? 나는 성령께서 매일 내 안에서 역사하시고 인도하심을 인식합니까? "무릇 하나님의 영으로 인도함을 받는 사람은 곧 하나님의 아들이라"(롬 8:14).

하나님을 알고 사랑하며 기쁨으로 '아빠 아버지'라고 부르짖습니까? 하나님을 영으로 예배하는 성도가 진정한 할례파입니다. 그러므로 주 안에서 기뻐합시다.

─────── 생각해 봅시다

1. 우리는 지금 성령으로 예배하고 있을까요? 혹시 형식적인 예배에 머물고 있지는 않은지 스스로에게 물어봅시다.

2. 억지로 드렸던 예배 경험을 떠올리며 이제부터 진심으로 기뻐하며 예배드릴 수 있도록 함께 노력해 볼까요?

3. 예배의 형식보다 하나님과의 친밀한 만남을 더 중요하게 생각하고 '아빠 아버지'라 부르짖는 예배를 향해 나아갑시다.

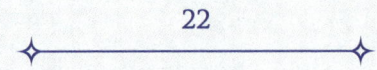

그리스도 예수로 자랑하라

빌립보서 3장 1~3절

"1. 끝으로 나의 형제들아 주 안에서 기뻐하라 너희에게 같은 말을 쓰는 것이 내게는 수고로움이 없고 너희에게는 안전하니라 2. 개들을 삼가고 행악하는 자들을 삼가고 몸을 상해하는 일을 삼가라 3. 하나님의 성령으로 봉사하며 그리스도 예수로 자랑하고 육체를 신뢰하지 아니하는 우리가 곧 할례파라."

그리스도인의 기쁨을 빼앗아 가려는 유대주의자들의 파괴적인 교훈과 오류가 있습니다. 바울은 이에 대항하는 진정한 그리스도인이란 무엇인지 3절에서 세 가지로 정의하고 있습니다. 이 정의는 전혀 부족함이 없으며 이 진술에 비추어 우리 자신을 정직하게 살펴보면 우리가 그리스도인인지 아닌지를 잘 판단할 수 있습니다.

첫 번째는 당연히 하나님께 대한 우리의 태도입니다. 하나님과의 관계에서 '성령으로 예배하는' 자리에 서야 합니다.

두 번째는 주 예수 그리스도께 대한 우리의 태도입니다. 즉, 주 예수 그리스도께서 우리의 삶에서 어떤 위치를 차지하고 계신지입니다. 바울은 이 사실에 대해 아주 많은 주의와 관심을 기울였습니다. 그는 '그리스도에 사로잡힌 사람'이었습니다. 그리스도 없이 생각할 수 없는 자였으며 언제나 그리스도에 관해 생각했습니다.

1. 그리스도 예수로 자랑하라

'그리스도인'이라는 이름 그 자체가 그리스도께서 우리의 삶에서 절대적인 중심이 되심을 깨닫게 해주기에 충분합니다. 우리는 성령으로 예배합니다. 그리고 그 예배의 큰 특징은 예수 그리스도께서 그 예배 안에서 차지하고 계신 위치입니다. 우리의 일상에서도 마찬가지로 그분이 중심에 계십니다.

바울은 이를 더욱 인상적으로 표현합니다. "그리스도 예수로 자랑하고"(καυχώμενοι ἐν Χριστῷ Ἰησοῦ, 카우코메노이 엔 크리스토 예수)라는 말은 '그리스도 예수 안에서 자랑하는 것'을 뜻합니다. 바울의 자랑거리는 오직 그분에게만 있었기 때문입니다. '그리스도 예수로 영광을 삼고', 혹은 '그리스도 예수에 대해 크게 이야기한다' 등으로도 번역할 수 있습니다.

"자랑하고"(καυχώμενοι, 카우코메노이)라는 말은 신약성경에 35회 등장하는데 그중 33회가 바울에 의해 사용됐습니다(고전 1:29, 31에서 쓰인 단어와 동일). 당시 유대주의자들은 유대인이라는 사실 그리고 할례를 받고 율법을 지켰다는 점을 자랑하곤 했습니다. 그러나 '자랑한다'라는 것은 단순히 믿는다는 것을 의미하지 않습니다. 누군가를 믿지만 굳이 자랑하지 않을 수도 있습니다. 자랑한다는 것은 그분을 묵상함에 따라 믿는 이들의 전 존재가 움직인다는 뜻입니다. 그분이 그들의 모든 것입니다. 그래서 모든 명예와 영광을 그분께 돌리려 합니다.

우리가 누구를 자랑할 때, 그가 얼마나 훌륭한 사람인지 모든 사람이 알기를 바라며 떠들썩하게 이야기하듯 그리스도인은 언제나 그리스도에 대해 말하고 싶어 합니다. 언제나 그분을 찬양하고, 다른 사람들이 그분에 관해 듣기를 간절히 바랍니다.

2. '그리스도 예수로 자랑하게' 만드는 것들은 무엇인가?

1) 예수 그리스도의 인격이다

예수님은 참으로 하나님의 독생자이십니다. 하나님의 아들이 이 땅에 내려오셔서 죄악 된 육신의 몸을 입고 종의 형체를 가지신 일은 우리를 자랑스럽게 만듭니다. 사람들은 흔히 지위나 신분이 높은 세상의 위인들과 지도자를 칭송해 왔습니다. 그런 인물과 조금이라도 연관이 있으면 얼마나 자랑스러워하며 다른 사람이 그 사실을 알게 되길 원했는지 모릅니다. 그런데 이 사실을 무한히 확장해 보십시오. 우리가 주 예수 그리스도 곧 성육신하신 하나님의 아들을 이 세상에서 모시고 있다면 얼마나 자랑스러울까요? 성령의 역사로 이 사실을 알게 된 것을 기쁘게 여긴다면 우리는 그분께 속해 있고, 그분과 연관된 자입니다.

2) 예수 그리스도께서 우리를 위해 하신 모든 일이다

갈라디아서 2장 20절에서 바울은 "나를 사랑하사 나를 위하여 자기 자신을 버리신" 그리스도를 언급합니다. 하나님의 아들이 인류의 죄를 대신 지시고 십자가에 달리신 사건은 놀라운 일입니다. 그 사실만으로도 우리는 그분께 무릎을 꿇고 예배하며 찬양할 수 있습니다.

바울도 예수 그리스도를 만나기 전까지는 스스로 만족한 삶을 살았습니다. 하지만 주님을 만난 후 자신의 삶이 잘못되어 있었다는 것을 깨달았습니다. 바른 견해를 갖게 된 뒤로 이전에 자랑하던 모든 것이 오히려 해가 되었다고 고백했습니다. 그전에는 자신을 의롭다 여기고 문제가 없다고 확신했던 것입니다.

우리를 바로잡고 죄와 허물을 제거하기 위해 그리스도는 하나님과 우리 사이를 화목하게 하셨습니다. 하나님은 우리의 죄를 그리스도께 전가하여 우리가 용서와 자유를 누릴 수 있도록 그리스도께 벌을 내리셨습니다. 이를 깨달을 때 우리는 평강과 안식을 찾고 하나님과의 화목을 알게 됩니다. 이때 새로운 삶이 시작됩니다.

용서가 필요합니까? 그분께 있습니다. 힘과 능력이 필요합니까? 그분은 우리에게 그것을 소유할 수 있도록 도와주십니다. 죽음과 심판이 두렵습니까? 예수께서 하나님의 보좌 우편에 앉아 계십니다. 이 사실을 믿는 사람은 예수 그리스도를 자랑으로 삼게 됩니다.

여러분은 예수님을 자랑하고 있습니까? 그분이 없으면 그리스도인의 삶을 시작할 수 없다고 고백하십니까? 그분이 곧 생명입니다. 요한복음 14장 6절에서 "내가 곧 길이요 진리요 생명이니"라고 말씀하셨습니다. 그분이 우리의 모든 관점과 생각에서 핵심 위치를 차지하고 있습니까? 그분을 통하지 않고서는 기도 같은 것조차 존재할 수 없음을 인식해야 합니다. 그러므로 우리는 지금도 그분을 찬양합니다. 그런 찬양으로 우리는 은혜와 기쁨을 누립니다.

― 생각해 봅시다

1. 나의 삶의 가장 중요한 자랑거리는 무엇인가요? 정말 예수 그리스도인가요?

2. 예수님을 자랑하는 삶은 구체적으로 어떤 모습일까요? 오늘부터 우리의 언행을 통해 그분을 더욱 드러내도록 노력해 봅시다.

3. 예수 그리스도께서 당신에게 베푸신 가장 놀라운 은혜를 떠올려 보세요. 그 은혜에 감사하며, 다른 이들에게도 그 사랑을 전하는 삶을 살아갑시다.

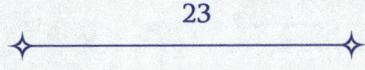

육체를 신뢰하지 말라

빌립보서 3장 1~3절

"1. 끝으로 나의 형제들아 주 안에서 기뻐하라 너희에게 같은 말을 쓰는 것이 내게는 수고로움이 없고 너희에게는 안전하니라 2. 개들을 삼가고 행악하는 자들을 삼가고 몸을 상해하는 일을 삼가라 3. 하나님의 성령으로 봉사하며 그리스도 예수로 자랑하고 육체를 신뢰하지 아니하는 우리가 곧 할례파라."

어떤 집사님의 집에서 기르는 앵무새는 손님만 오면 "뽀뽀합시다"라고 했다고 합니다. 그런데 목사님 댁의 앵무새는 손님만 오면 "기도합시다"라고 했습니다. 그래서 집사님이 자신의 앵무새 교육을 위해, 목사님 집 앵무새에게 자기 앵무새를 데려다 놓았습니다. 그러자 목사님 댁 앵무새가 "주여 감사합니다. 제 기도를 들어주셨습니다"라고 했다고 합니다(수원중앙침례교회 김장환 목사 설교 이야기).

그리스도인의 기쁨을 위협하는 유대주의자들의 공격 앞에서 진정한 그리스도인의 모습을 갖추는 것은 중요합니다. 하나님에 대한 태도로서 '성령으로 예배하라', 예수 그리스도에 대한 태도로서 '그리스도 예수로 자랑하라'는 사실을 살펴보았습니다. 이제는 우리 자신에 대한 태도인 '육체를 신뢰하지 말라'는 것입니다. 여러분은 자신이 신뢰할 만한 무엇이 있다고 생각하십니까?

1. 넓은 의미에서 '육체'란 사람이 자기 구원을 위한 소망의 기초로 삼는 그리스도 아닌 다른 것을 가리킵니다.

"육체를 신뢰하지 아니하는"(οὐκ ἐν σαρκὶ πεποιθότες, 우크 엔 살키 페포이또테스) 우리가 진정한 할례파입니다. "육체"(σαρκὶ, 살키)는 본래 '살', '육신'을 의미하지만 흔히 죄의 지배 아래 희생될 수 있는 저급한 본성을 가리키기도 합니다. 여기서는 구원에 대한 소망의 기초가 되는 그리스도를 떠나 태생적 배경이나 재능, 의식이나 유전, 할례나 율법과 도덕성 등을 의지하는 모든 것을 말합니다.

"신뢰하다"(πεποιθότες, 페포이또테스)라는 '확신하다', '믿다', '복종하다', '따르다' 등의 의미입니다. "육체를"(ἐν σαρκί, 엔 살키)은 '육체 안에서'(in the flesh)라는 말이므로 '육체를 신뢰한다'라는 것은 '육체 안에서 확신을 얻는다'라는 뜻입니다. 이때 유대주의자들이 아브라함의 자손이라는 혈통적 특권을 강조하며 '이신득의' 복음을 배척하고 율법 준수를 통한 구원을 주장했던 교만한 태도를 말합니다.

"고대 그리스~로마 사회에는 '겸손'이라는 개념이 없었습니다. 고대 그리스의 지혜를 모은 'Delphic Canon'에 147개의 격언이 있는데 '너 자신을 알라', '정의로 통치하라', '지혜를 추구하라' 등이 있을 뿐 '겸손' 관련 단어는 전혀 없었습니다. 그들은 명예와 평판을 최고의 가치로 여겼습니다.

호주의 공영방송 ABC가 2011년 10월 특집기사로 '기독교의 겸손은 어떻게 세상을 뒤집어 놓았는가?'라는 제목을 다뤘습니다. 인류 문명에서 겸손을 처음 가르쳤던 분은 예수님이십니다"(대구동신교회 문대원 목사 설교, 2021년 11월 28일 중에서).

2. '육체'는 하나님의 성령 인도를 받지 않는 옛사람의 성품을 가리킵니다.

하나님의 은혜를 온전히 받아들이지 않고 자기 힘으로 무엇인가를 이루려는 자는 하나님 나라와 상관이 없으며 하나님께 쓰임 받을 수도 없습니다. 우리의 성격은 사람마다 다르지만 성품은 그리스도 안에서 자라나 주님을 닮아가야 합니다. 아직 계발되지 않은 옛 성품을 신뢰해서는 안

됩니다. "살리는 것은 영이요 육은 무익하니라"(요 6:63)는 말을 우리 심령에 깊이 새겨야 합니다.

육(옛 성품)이 드러나는 곳에는 악취만 풍기게 되고 이는 그리스도의 향기와 정반대입니다(고후 2:12~17). 옛 성품에는 선한 것이 없으며 이것으로는 하나님을 기쁘시게 하지 못한다는 사실을 철저히 인식해야 합니다. 오직 하나님을 의지하고 쓰임 받을 때 오히려 우리의 육체적인 장점들도 더욱 빛나게 됩니다.

3. 하나님께 의지하지 않고 하나님 앞에서 정당한 위치를 차지하려는 최고·최선의 인간 조건들을 가리킵니다.

예를 들어 민족적 자긍심입니다. 바울은 한때 히브리인 중의 히브리인임을 자랑하곤 했습니다. 자신이 속한 민족을 신뢰하는 것은 곧 그리스도의 복음을 부정하고 자신을 복음 밖으로 내모는 것입니다. 출생은 구원과 무관합니다. 하나님의 의를 이루기 위해 율법을 지키려 애쓰는 것은 구원을 얻기 위해 자기 전부를 포기하고 오직 하나님의 긍휼과 은혜에 의존해야 한다는 사실을 잊어버린 모습입니다.

교육이나 훈련을 말할 수도 있습니다. 우리는 훌륭한 교육을 받을 수 있고 그것이 다른 이들보다 나을 수 있습니다. 하지만 그것이 우리를 구원하지 못합니다. 철학이나 세상의 지식, 지혜를 자랑하는 것도 마찬가지입니다. 인간의 지성이 마지막까지 포기하지 않는 교만의 영역이지만 그것을 의지한다면 결국 육체를 신뢰하는 위험 속에 놓이게 됩니다. 문자 그대로 육체적 할례 또한 마찬가지입니다.

4. 그리스도는 시작이자 마침이시므로 우리는 처음부터 끝까지 그분을 신뢰해야 합니다.

그리스도를 신뢰하지 않고 육체를 조금이라도 신뢰한다면 매우 위험한 상태입니다. 우리의 구원도, 성화도 모두 그분 안에서 이루어집니다. 어떤 형태로든 육체를 신뢰하지 않고 전적으로 그분을 의지하는 것이 그리스도인의 참된 태도입니다.

5. 성령으로 예배하고, 그리스도 예수로 자랑하며, 육체를 신뢰하지 않는 자가 곧 참된 할례파입니다.

이는 과거 구약시대에 아브라함에게 또 이삭과 야곱을 거쳐 여러 세대에 걸쳐 주어졌던 하나님의 약속들이 이제 우리 교회와 그리스도인들에게 그대로 이어지고 있음을 의미합니다. 그리스도인이라면 그 모든 약속의 상속자가 됩니다. 하늘나라 시민으로서 주님과 함께 다스리며 영원한 나라의 복을 누리게 될 것입니다.

우리도 성령으로 예배하고, 그리스도 예수로 자랑하며, 육체를 신뢰하지 않음으로써 진정한 그리스도인임을 증명해 나갑시다. 다른 이들보다 뛰어난 무엇을 갖고 있어도 그것을 하나님보다 더 신뢰하지 맙시다. 오히려 겸손하게 하나님께 의지한다면 그것들이 더욱 빛나게 될 것이고 이를 통해 하나님께 영광을 돌리며 이웃에게 유익을 끼칠 것입니다.

─── 생각해 봅시다

1. 내가 흔히 의지하는 육체적인 것, 즉 나의 능력, 재능, 지식, 외모 등은 무엇인가요? 그것들을 의지하는 것이 나를 어떻게 구속하고 있나요?

2. 나는 하나님의 성령을 통해 나를 인도하시는 분으로 신뢰하고 있나요? 아니면 여전히 내 힘과 능력을 의지하고 있나요?

3. 오늘부터 하나님의 성령을 더욱 신뢰하고 의지하며 살아가기 위해 어떤 실천적인 노력을 할 수 있을까요? 구체적으로 어떤 행동을 통해 성령의 인도를 받을 수 있을지 생각해봅시다.

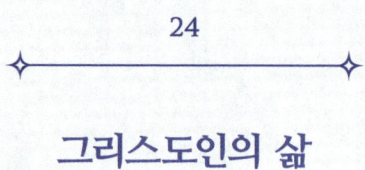

그리스도인의 삶

빌립보서 3장 4~8절

"4. 그러나 나도 육체를 신뢰할 만하며 만일 누구든지 다른 이가 육체를 신뢰할 것이 있는 줄로 생각하면 나는 더욱 그러하리니 5. 나는 팔일 만에 할례를 받고 이스라엘 족속이요 베냐민 지파요 히브리인 중의 히브리인이요 율법으로는 바리새인이요 6. 열심으로는 교회를 박해하고 율법의 의로는 흠이 없는 자라 7. 그러나 무엇이든지 내게 유익하던 것을 내가 그리스도를 위하여 다 해로 여길뿐더러 8. 또한 모든 것을 해로 여김은 내 주 그리스도 예수를 아는 지식이 가장 고상하기 때문이라 내가 그를 위하여 모든 것을 잃어버리고 배설물로 여김은 그리스도를 얻고"

전두환 전 대통령이 국보위원장 시절 안양교도소를 방문했습니다. 소장에게 500만 원을 주면서 직원들이 퇴근할 때 과일 광주리를 사서 집으로 가져가도록 하라고 했습니다. 그 후 세월이 흘러, 그가 안양교도소에 수감되는 상황이 닥쳤습니다. 소장이 "시설이 낙후되어(일제 때 지음) 불편하시겠습니까?"라고 묻자, 그는 "괜찮소. 이럴 줄 알았으면 내가 전에 들렀을 때 교도소를 새로 지었을 텐데."라고 대답했다고 합니다(2009년 2월, 박효진 장로 간증).

바울은 유대주의자들이 그리스도를 믿는 믿음에다 할례와 특별한 유대교 관습을 추가로 요구하는 것이 그릇된 것이라고 계속 말합니다. 유대주의자들은 자신이 유대인이라는 사실과 선행을 자랑스러워했습니다.

바울은 자랑할 사람이 있다면 자기야말로 그 최적임자라고 말합니다. 그리고 자신의 과거 모습을 열거합니다(5~6절). 이는 옛 자아와 주 예수 그리스도 안에서 얻은 새로운 본성을 대조하기 위함입니다. 그리하여 바울은 그리스도인의 삶과 그렇지 않은 삶 사이의 차이를 보여주고, 그리스도인의 삶 자체에 대한 놀랍고 긍정적인 묘사를 제시합니다.

1. 그리스도인의 삶은 사고방식과 가치관의 전적인 변화이다.

1) 변화는 본문 전체의 주제이다.

바울은 교만한 바리새인이었던 완벽한 자신의 모습을 제시한 후, 7~8절에서 전적인 변화를 묘사합니다. 하늘 높은 줄 모르고 자부심이 가득하던 그가 갑자기 자신을 전적으로 다른 관점에서 보게 된 것입니다.

기독교는 우리의 삶에 부가되는 덧셈이 아닙니다. 그것은 삶의 핵심이자 중심입니다. 만약 기독교가 삶 전체를 지배하지 않는다면 우리는 그리스도인이 아닙니다. 우리가 그리스도인이 될 때 근본적 변화가 일어나며 이를 깨닫게 됩니다. 그것은 모든 것을 바라보는 관점이 새로워진다는 뜻입니다(고후 5:17).

2) 그렇다면 어떤 측면에서 삶이 전적으로 달라졌다고 말할 수 있을까요?
바울은 우선 자기에 대해 전혀 다른 견해를 갖게 됐습니다. 교만했던 그가 이제 자신을 부끄럽게 여깁니다. 이전에는 자기가 남들보다 우월하다고 생각했습니다. 그런데 그리스도인으로서 자라 갈수록 자기 마음의 부패함을 더 인식하게 됩니다. 바울은 도덕성 면에서 누구보다 뛰어났지만(롬 7:24 참조), 그리스도를 만나고 나서야 자신의 죄와 부패를 깨닫고 고뇌했습니다.

또한 바울은 하나님에 대한 새로운 견해를 갖게 됐습니다. 형식적 종교에 만족하던 바리새인이었으나 이제 기독교의 영적 본질을 깨달았습니다. 하나님에 대한 이전 견해가 얼마나 결함이 있는지 알고 자신이 하나님께 다가가는 방식도 근본적으로 바뀌었습니다. 예전에는 자기 의와 공적을 의지해 하나님께 나아갔으나 이제는 "내 주 그리스도 예수"(8절 Χριστοῦ Ἰησοῦ τοῦ κυρίου μου, 크리스투 예수 투 퀴리우 무)라고 고백하며 은혜의 보좌 앞에 스스로 낮춥니다.

삶 자체를 바라보는 관점, 즉 인생관 자체도 완전히 달라졌습니다. 바리새인으로서 자존심이 대단했던 사람이 "내게 사는 것이 그리스도니"(1:21)라고 말합니다. 동기가 잘못되었던 것들을 버리고 삶의 목적과 의미에 대해 전적으로 새로운 견해를 갖게 된 것입니다.

또한 1장에서 언급했듯이 죽음에 대해서도 전혀 다른 관점을 갖게 됐습니다. 이제 바울에게 죽음은 전혀 두렵지 않습니다. 왜냐하면 그리스도와 함께 있음이 훨씬 더 좋다는 사실을 깨달았기 때문입니다. 그는 이방인에 대한 시각도 새로워졌습니다. 이전에는 이방인을 이스라엘 밖의 '개'로 여겼지만 이제 그들을 사랑하는 형제요 영원한 나라의 상속자로 기쁘게 받아들이고 있습니다.

2. 그것은 다른 모든 것을 잃어도 기꺼이 희생할 수 있는 가치 있는 것이다

1) 유익하던 모든 것들이 이제 바울에게는 아무 의미가 없습니다.

이제 그는 그리스도인이 됨으로써 바리새인으로서 자랑하던 지위와 자부심을 포기했습니다. 뛰어난 지성이 있었고 가말리엘 문하에서 배웠으며 앞으로도 큰 명성을 얻을 전망이 있었지만 이 모든 것을 버렸습니다.

그는 이방인들 속에서 복음을 전하며 핍박도 기쁘게 겪었다고 고백합니다(고후 2장 참조). 바울은 높은 수준의 지식을 가졌지만 자신을 이해하지 못하는 노예와 농민 사이에서 일해야 했습니다.

2) 이 모든 것은 한 가지에 기인합니다. 그것은 "내 주 그리스도 예수를 아는 지식"(8절)입니다.

"아는 지식"(γνώσεως, 그노세오스)이라는 말은 어떤 대상에 대한 본질적인 깨달음을 의미합니다. 바울은 원래 그리스도 예수와 전혀 무관했으나 이제는 그분과 깊고 밀접한 관계를 맺고 교제를 나누며 그분이 누구신지 본질적으로 깨닫게 됐습니다. 이 지식을 통해 바울은 '그리스도 안에 있다'라는 것이 무엇인지 알았고, 그 후 그의 평생 동안 삶의 자리는 바로 '그리스도 안에 있는 삶'이 됐습니다. 이로써 모든 것이 설명되고, 바울의 전 존재를 붙들어 그의 관점을 변화시켰으며, 그것을 위해 그가 모든 것을 포기할 준비를 갖추게 된 것입니다.

그처럼 놀라운 '가장 고상한'(ὑπερέχον, 휘페레콘) 지식이란 무엇일까요? 말 그대로 그리스도를 아는 지식이 모든 것 위에 존재하는 궁극적 가치임을 드러내기 위해 사용된 표현입니다.

바울은 이 지식을 통해 그가 평생 만나왔던 어떤 인물들과도 비교할 수 없는 가장 영광스러운 분과 직접적이고도 개인적인 접촉을 나누게 됐습니다. 바울은 가말리엘 문하에서 공부하며 많은 학자들을 보았을 것이지만 이 만남은 전혀 다른 차원에 속한 일이었습니다. 그 지식이 고상한 이유는 무엇보다도 그분의 위대함에 있습니다.

바울이 깨달은 바는 하나님의 놀라운 구원 방식을 이해하게 해주는 지식이었습니다. 이 지식이야말로 그를 죄와 죽음에서 건져내었고 마음속에 맑은 양심을 갖게 했으며 성경을 바르게 깨닫게 했습니다. 평강과 기쁨 그리고 세상이 빼앗을 수 없는 즐거움을 안겨주었습니다.

이 지식을 통해 새로운 삶 곧 그리스도인으로서 합당하게 살아갈 수 있는 힘이 주어집니다. 또한 우리가 하나님의 상속자임을 알려주고, 이 세상과 죽음을 넘어선 삶에 대한 통찰력을 제공합니다.

예수 그리스도를 만나면 우리의 사고방식과 가치관이 달라집니다. 그리하여 우리도 바울처럼 참된 그리스도인의 삶을 살아가도록 합시다. '그리스도 안에' 있는 삶으로 인해 세상이 줄 수 없는 기쁨을 누리십시오. 고상한 지식으로부터 비롯되는 그리스도인의 삶을 통해, 능력 있고 놀라운 일들을 체험하게 될 것입니다.

─────────────── 생각해 봅시다

1. 나의 사고방식과 가치관은 얼마나 그리스도 중심으로 변화되었나요?

2. 예수 그리스도를 아는 지식이 가장 고상한 가치임을 인정하시나요? 그 지식을 얻기 위해 무엇을 하고 있나요?

3. 세상의 어떤 것과도 비교할 수 없는 그리스도를 아는 기쁨을 다른 사람들과 어떻게 나눌 수 있을지 고민해 봅시다.

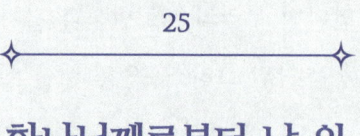

하나님께로부터 난 의

빌립보서 3장 7~9절

"7. 그러나 무엇이든지 내게 유익하던 것을 내가 그리스도를 위하여 다 해로 여길뿐더러 내가 그를 위하여 모든 것을 잃어버리고 배설물로 여김은 그리스도를 얻고 9. 그 안에서 발견되려 함이니 내가 가진 의는 율법에서 난 것이 아니요 오직 그리스도를 믿음으로 말미암은 것이니 곧 믿음으로 하나님께로부터 난 의라."

'정신과 폐쇄병동, 1020으로 가득 차'라는 신문기사를 봤습니다. 국민건강보험공단에 따르면 2017년 10대와 20대 정신과 입원 환자는 1만 3,303명으로 전체 환자의 14.6%였는데 2022년에는 1만6,819명(22.2%)으로 5년 만에 약 10%포인트 가까이 늘었다고 합니다.

10대, 20대들이 마음의 병을 앓게 되는 원인은 여러 가지가 있겠지만 부모가 성적(成績) 문제로 자녀를 지나치게 닦달하여 압박하는 것도 한몫을 하며 온라인에 자해와 자살 관련 정보가 넘친다는 것도 이유입니다 (조선일보, 2024년 1월 30일).

자녀에게 공부하고 싶은 마음을 심어 주는 것이 중요합니다. 학교에서 선생님의 가르침에 귀를 기울이도록 만들어야 합니다. 바울이 말한 "내 주 그리스도 예수를 아는 가장 고상한 지식"(8절)은 그를 완전히 변하게 만들었습니다. 그 지식으로 인해 그는 그리스도인이 되기 전에 자랑했던 모든 것을 해로 여기게 됐습니다. 그리고 9절에서는 의(義)라는 문제를 언급하며, 바로 이 "가장 고상한 지식"과 연결해 설명하고 있습니다.

1. 의(義, Righteousness)는 무엇을 의미하나?

의란 하나님 앞에 설 수 있게 해주는 율법에 대한 완전한 순종을 뜻합니다. '우리가 어떻게 하나님 앞에 서며, 특히 이 땅의 삶과 최종적인 심판 앞에서 어떻게 하나님과 대면할 수 있겠는가?'라는 문제입니다.

바울이 모든 것이 아무 가치도 없다고 말한 것은 바로 이 의의 문제에 대한 복음의 답변을 알았기 때문입니다. 신약성경 특히 바울서신에서 이

의의 문제는 매우 중요한 주제입니다.

2. 우리는 어떻게 하나님의 거룩한 율법에 순종할 수 있나?

1) 율법에 순종한다는 것은 우리 모두의 문제입니다.

사람이 원하든 원치 않던 누구나 하나님과 그분의 율법 아래 있습니다. 마치 한 나라에 태어나면 자동으로 그 나라 법 아래에 있는 것과 같습니다. 법에 관심이 없다고 해도 법은 우리에게 적용됩니다. 결과적으로는 '어떻게 하나님의 공의로운 요구를 충족시킬 것인가?'라는 질문을 피할 수 없게 됩니다.

2) 유대인들이 깨달았던 옛 방법

예수 그리스도를 믿어야 한다는 절대적 필요성을 깨닫지 못한 사람들에게는 스스로 의(義)를 세우려는 시도가 일반적입니다. 바울도 예전 삶에서는 자신과 자기 노력을 의지했습니다. 곧 '자기 의'(self~righteous-ness)였던 것입니다. 그는 율법을 열심히 지키고 그에 따르는 개인적 공로를 통해 의롭게 되려고 했습니다.

6절에서 바울은 "'율법의 의'(κατὰ δικαιοσύνην τὴν ἐν νόμῳ, 카타 디카이오쉬넨 텐 엔 노모)로는 흠이 없었다"라고 자신했습니다. 사람을 죽이지도 않았고 물건을 훔치지도 않았기 때문입니다. 하지만 나중에 그것이 단지 외형적인 율법 준수였음을 깨닫게 됐습니다. 그러나 그 정도로는 충분치 않다는 사실을 알게 됩니다.

자기 의에만 기대던 바울은 율법의 영적 본질이 훨씬 더 깊은 차원임을 인식했습니다. 과거 자신이 '하나님의 뜻을 있는 그대로 받지 않고, 사소한 해석에 집착했던 것'을 확인하게 된 것입니다. 바울은 유대인의 비극을 '자신이 세우는 의가 곧 하나님께서 원하시는 의라고 착각하는 것'이라 말합니다.

율법은 단순히 외적인 계명만을 지키는 것이 아니라 "마음을 다하고 성품을 다하고 힘을 다하여 네 하나님 여호와를 사랑하라"(신 6:5)는 영적 본질을 담고 있습니다. 바울은 이런 사실을 깨달았을 때 '내가 완전히 잘못된 길을 가고 있었구나.'하고 고백할 수밖에 없었습니다.

3) 바울이 깨달은 고상한 지식 – 곧 복음의 진정한 메시지

첫째, 그것은 "하나님께로부터 난 의"(ἐκ θεοῦ δικαιοσύνην, 에크 쎄우 디카이오쉬넨)입니다. 즉 하나님이 베풀어 주시는 의이며, 인간적인 의가 아닙니다. 과거 바울의 의는 전적으로 인간적이었지만 이제 그가 발견한 의는 신적(神的)인 것입니다. 무력하고 죄된 인류가 이 의를 이룰 힘이 전혀 없었으나 하나님께서는 거저 주시는 의를 마련하셨습니다.

둘째, 그 의는 "예수 그리스도 안에서" 가능하다는 것입니다. 하나님은 바로 이 방법으로 구원을 이루십니다. 우리는 죄 때문에 모두 율법의 정죄 아래 있으나 예수 그리스도께서 십자가에서 우리의 죗값을 지불하셨습니다. 예수님은 율법이 요구하는 처벌을 담당하셨고 그 결과 예수님은 완전히 의로운 분이 되셨습니다. 복음이 전하는 놀라운 소식은 이제 그분의 의(義)가 '우리에게 전가'된다는 사실입니다.

분명히 할 사실은 "믿음으로 말미암은"(διὰ πίστεως, 디아 피스테오스)은 결코 우리의 믿음이 의의 일부가 되거나 우리가 믿음으로 의롭게 된다는 뜻이 아니라는 것입니다. 의는 전적으로 그리스도 안에 있습니다. 믿음은 우리가 그 의를 '받아들이는 통로'입니다. 그렇기에 우리는 '믿음 때문에'가 아니라 '믿음을 통해'(διὰ, 디아, through faith) 의롭게 됩니다. 믿음으로 그리스도와 연합될 때 그분의 모든 것이 우리 것이 됩니다. 그리스도에 대한 나의 믿음은 나를 그분의 일부로 만들어줍니다. 나는 그분과의 신비한 연합으로 들어가게 됩니다.

그 결과 그분에게 해당되는 모든 것이 내게도 해당되게 됩니다. 즉 그분의 의가 나의 의가 되는 것입니다. 그 결과로 성도들은 그리스도께 속한 모든 혜택을 받게 됩니다. 만일 내가 그리스도 안에 있다면 하나님께서는 나를 죄 없다고 여기시고, 더 나아가 율법을 온전히 지킨 자로 간주하십니다.

요한계시록 19장 7~8절에서 신부가 깨끗한 세마포를 입었다는 말씀을 기억해야 합니다. 그리스도의 의를 덧입었습니다. 이것이 복음의 메시지입니다. '믿음으로 말미암아 하나님께로부터 난 의'는 바로 '그리스도 예수를 아는 가장 고상한 지식'입니다.

---------- 생각해 봅시다

1. 스스로 의롭다고 생각해 본 적이 있다면 이유를 나눠보세요.

2. 하나님께서 값없이 주시는 의를 온전히 신뢰하고 있나요? 그 의를 받아들이는 통로인 믿음을 점검해 봅시다.

3. 나의 생각과 행동이 그리스도 안에 있는 자로서 합당하게 나타나도록 기울여야 할 노력이 무엇일까요?

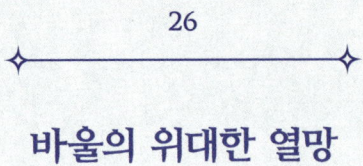

바울의 위대한 열망

빌립보서 3장 10~11절

"10. 내가 그리스도와 그 부활의 권능과 그 고난에 참여함을 알고자 하여 그의 죽으심을 본받아 11. 어떻게 해서든지 죽은 자 가운데서 부활에 이르려 하노니"

4·10총선을 두 달여 남겨두고 부산·울산·경남(PK) 지역에서 국민의 힘과 더불어민주당 양당에서 238명의 후보가 여의도행 티켓을 두고 치열한 경쟁을 벌이고 있습니다. 김해갑과 을에서만 국민의힘 공천 신청자가 각각 5명과 9명이라고 합니다(국제신문 2023. 2. 5). 그들은 국회의원이 되고 싶은 야망을 지닌 것입니다.

바울도 이전에는 율법의 '의'(義)를 추구했습니다. 그러나 이제는 예수 그리스도만을 추구하게 되었고 그분을 더 깊이 알기를 열망했습니다.

1. 그리스도를 더 잘 알기를 열망한다(10절)

"알고자하여"(τοῦ γνῶναι, 투 그노나이, 본문에서 먼저 나옴)는 그리스도에 관한 사실 몇 가지를 단순히 믿는 것을 넘어서 그분의 임재를 실제로 느끼며 인식하는 것을 말합니다. 가령 혼자 기도하거나 성경을 읽고 묵상할 때, 내 옆에 또 다른 분이 계시고 그분이 나에게 말씀하시는 듯한 느낌이 들 수 있습니다. 그분은 내가 행한 어떤 일을 격려하시거나 혹은 나를 단련하시거나 양육하시기 위해 임재하시는 것입니다.

바울은 '그리스도에 대한 많은 지식(정보)을 얻고 싶다'거나 '그리스도에 관한 어떤 진리를 더 인식하고 싶다'라고 말하지 않습니다. 물론 그런 것도 어느 정도 포함되지만 바울이 말하는 것은 그 모든 것을 초월합니다. 그는 주님 자신을 보다 풍성하고 보다 친밀한 인격적 교제로 알고 싶다고 말하고 있습니다.

누군가를 소개받아 매혹되면 보통 '그 사람을 또 만나고 싶다. 좀 더 알고 싶다'라고 말하듯 바울 또한 다메섹에서 주님을 만난 특별한 경험을 통해 부활하신 주님과 더욱 친밀하게 교제하길 열망한 것입니다. 우리에게 부활하신 주님을 직접 눈으로 볼 기회는 없을지 몰라도 부활하신 주님과 인격적이고 실제적인 교제를 누릴 수는 있습니다. 만약 우리가 '그리스도에 관한 사실들을 믿는다는 것'만 말할 수 있다면 그것만으로는 아직 영적으로 어린 상태입니다. 찬송가 가사처럼 "나 주께 왔으니 복 주옵소서, 주 함께 계시면 큰 시험 이기네"(446장)라는 실제적인 경험이 가능하다는 것, 그것을 바울은 여기서 말하고 있으며 우리 역시 그리 갈망해야 합니다.

우리는 온갖 다양한 열망을 가질 수 있지만 그리스도인이라면 이렇게 말해야 합니다. '나는 무엇보다도 주님을 더 깊이 알고 싶다. 그것에 비하면 다른 모든 것은 그리 중요하지 않다. 내가 가진 모든 소유를 포기하고 지금까지 얻은 모든 것을 버려서라도 그분에 대한 더 깊은 지식과 진정한 이해 그리고 친밀한 교제를 누릴 수 있다면 기쁘게 그렇게 하겠다.' 이것이 우리의 시금석이자 체험이어야 합니다.

2. 그리스도를 더 닮는 것을 원했다

우리는 존경하는 사람을 만나면 본능적으로 그를 닮고 싶어 하는 마음이 생깁니다. 이는 주님과 우리의 관계에서도 마찬가지입니다. 그리스도를 깊이 알기를 원한다면 그분을 더욱 닮기를 원하게 됩니다. 바울은 여기서 '그리스도를 닮기 위해 필요한 세 가지 조건'을 말합니다.

1) 우리는 그분의 부활의 능력을 알아야 합니다.

바울이 가장 즐겨 쓰는 표현 가운데 하나가 "그리스도 안에서"입니다. 바울은 우리가 그리스도께 속해 있으며 그리스도 안에서 그분과 함께 죽었다고 말합니다. 그러나 죽은 것으로 끝나지 않고 그리스도께서 부활하셨을 때 우리도 함께 부활했습니다. 죄로 가득한 세상에서 의롭게 그리고 도덕적으로 그리스도를 닮아 산다는 것은 불가능해 보입니다. 하지만 부활의 능력이라면 가능합니다. 부활하신 주님의 능력이 우리를 새 생명 가운데로 들어 올려 그분과 함께 행하게 하시기 때문입니다.

2) 그분의 고난에 참여해야 합니다.

왜 바울은 부활을 말한 뒤에 그리스도의 고난 이야기를 꺼낼까요? '나는 그리스도를 닮기 위해 그분 안에 있기를 원한다. 그리고 부활의 권능만이 나로 하여금 그분을 닮도록 만드는 것도 안다. 그런데 문제는 내가 그분을 닮아갈수록 그분이 받으신 고난에 어느 정도 참여하게 된다'라는 것입니다. 예수님의 지상 생애에서의 고난은 죄악 된 세상에서 거룩하신 주님이 받으신 것이므로 우리 역시 그분을 닮아 거룩해질수록 세상의 죄에 아파하며 세상이 그분께 대했던 것처럼 우리에게도 고난을 줄 수 있습니다.

3) 죽으심을 본받는 것입니다.

하나님께 순종할 때 나보다 앞서 주님이 하신 것처럼 필요하다면 내 생명도 기꺼이 내어줄 준비가 되어 있음을 의미합니다. 하나님과 그분의 거룩한 계명을 지키고자 할 때 주저하지 않는 태도입니다. 예수님께서는 그 뜻을 위해 아낌없이 목숨을 내어주셨고 바울 역시 '나는 죄와 세상, 그리고 주님께 속하지 않은 모든 것, 주님을 대적하는 모든 것에 대해서도 죽어야 하며, 필요하면 내 생명까지 바칠 수 있다'라고 말합니다.

3. 궁극적 열망은 영광 중에 그리스도와 함께 있는 것이다(11절)

본문에서는 어떤 단계들이 언급됩니다(9절은 칭의, 10절은 성화, 11절은 영화). 칭의가 없으면 성화도 영화도 불가능하다는 점을 기억해야 합니다. 모든 사람이 죽으면 부활합니다. 그것은 피할 수 없는 일이며 하나님께서 정하신 사실입니다. 그러나 바울이 말하는 부활은 정죄 받아 지옥으로 가는 부활이 아니라 의로운 자들의 부활 곧 영광 중에 주님과 함께 영원히 거하는 부활을 뜻합니다.

그는 모든 그리스도인이 결국 죄에서 완전히 자유롭게 되는 상태를 바라봅니다. 만약 우리가 '그리스도 안에' 있다면 부활하게 되며 죄의 흔적이 전혀 남지 않게 됩니다. 하나님처럼 영화롭고 완전한 존재로 거듭나는 것입니다.

바울이 가장 열망했던 것이 바로 이것입니다. 주님과 함께 누릴 그 영광으로 인해 다른 모든 것은 하찮은 쓰레기처럼 여겨집니다. 그래서 그는 그리스도를 더 알기 원했고 그분을 더 닮기 원했다고 고백합니다. 우리의 열망은 과연 무엇입니까?

─────────────────────────────── 생각해 봅시다

1. 그리스도보다 더 알기를 열망하는 것은 무엇이 있을까요?

2. 그리스도의 어떤 면모를 닮고 싶으며 어떻게 그분을 닮아갈 수 있을까요?
   구체적인 노력을 생각해봅시다.

3. 바울의 궁극적인 열망 곧 영광 중에 그리스도와 함께 있는 것을 우리도 사모합시다.

27

푯대를 향하여 달려가자

빌립보서 3장 12~14절

"12. 내가 이미 얻었다 함도 아니요 온전히 이루었다 함도 아니라 오직 내가 그리스도 예수께 잡힌 바 된 그것을 잡으려고 달려가노라 13. 형제들아 나는 아직 내가 잡은 줄로 여기지 아니하고 오직 한 일 즉 뒤에 있는 것은 잊어버리고 앞에 있는 것을 잡으려고 14. 푯대를 향하여 그리스도 예수 안에서 하나님이 위에서 부르신 부름의 상을 위하여 달려가노라."

설 연휴 첫날, 신문 1면 제목이 가슴을 뭉클하게 했습니다.

"'국민은 고향 앞으로, 대대장은 철책 앞으로.' 군사분계선에서 2km 이내 최전방에 있는 우리 군 일반전초(GOP, General Outpost)의 군인들은 철책을 관리하고 지킵니다."(조선일보 2024. 2. 9).

바울은 그리스도께서 자신을 사로잡아 어떤 특별한 목표에 이르게 하셨으며 그는 그 목표를 향해 달려간다고 말합니다. 바울은 다메섹으로 내려가던 중 예수 그리스도께 갑자기 사로잡혔던 그 유명한 일을 가리키고 있습니다. 그리고 지금도 예수 그리스도께서 그에게 손을 얹으시고 여전히 붙들고 계십니다.

무엇을 위해 사로잡힌 자가 됐습니까? 10절에 기초한 것인데 그리스도를 충분하고도 완전하게 알고 그를 닮아가기 위해서입니다. 바울은 구원받았음을 확신하고 그리스도 안에 있으며 그리스도와 함께 있습니다. 그러나 아직 그가 목표로 하는 그것에는 이르지 못했다고 말합니다.

1. 이 세상의 삶에서는 완전함이 존재하지 않는다

절대적인 온전함을 여기에 말하며 다른 성경 본문에서 나타나는 상대적인 온전함(영적 어린아이, 성숙한 자 등)과 구분해야 합니다. 온전하다고 주장하는 데에는 두 가지 실수가 있습니다. 첫째는 불충분한 자기반성입니다. 자신을 완전히 살펴보지 않은 채 죄에 대한 죄책감을 느끼지 못한 상태에서 '완전하다'고 착각하는 것입니다. 둘째는 지나치게 낮은 기준을 설정하는 실수입니다. 더 이상 어떤 죄도 짓지 않는다고 하여 예전보다 나아졌다고 생각하고 주변 사람들보다 나음을 보고는 곧 온전함에 이르렀다고 생각하는 것입니다.

앞선 3장 4~11절의 바울 고백이 율법주의자들과 비교하며 그리스도를 얻고자 하는 열망과 믿음의 의를 드러낸 것이라면 이제 이 부분(3:17~4:1)을 배경으로, 반도덕주의자들에 대한 경계에 앞서 구원의 완성을 위해 부단히 정진하는 자신의 신앙 자세를 언급합니다.

2. 온전하고 완전한 성화는 갑자기 이루어지지 않는다

일종의 완전주의를 내세우는 자들은 자신이 어떤 집회나 모임에서 급작스럽게 복을 받아 완전해졌다고 말합니다. 그러나 바울은 본문에서 그러한 급작스러운 완전론을 부정합니다. 거기에는 '갑작스러움'이 없으며 대신 발전과 진보를 묘사합니다. 한 걸음씩 앞으로 달려가는 사람처럼 말입니다.

바울은 본문에서 "달려가노라"(διώκω, 디오코)를 12절, 14절에 걸쳐 두 번 쓰면서 자신이 항상 푯대를 향해 달려가는 과정 중임을 강조합니다. "달려가노라"는 현재직설법으로 쉼 없이 지속되는 동작을 의미합니다.

바울은 그리스도를 믿는 한 사실로만 만족하지 않고 천국 상급에 대해서도 관심을 두어 부단히 '뚜렷한 푯대'를 향해 달려간다는 것입니다. 방종한 태도로 살아가던 반도덕주의자들과 달리, 바울은 끊임없이 전진하고 있습니다.

3. 이러한 진보적인 사역은 수동적이 아니라 능동적이다

본문에 표현된 말들은 그리스도인이 '해야 하는' 위대한 행동을 묘사합니다. 칭의(의로움) 문제에서는 우리가 아무것도 할 수 없고 오직 그리스도의 사역만 강조해도 지나치지 않지만 구원받은 뒤 '성화'라는 점진적 과정에서는 수동적으로만 머물지 않습니다. 우리는 '행하라'는 권면을 받게 됩니다.

바울은 "그리스도 예수께 잡힌바 된 그것을 잡으려고" 달려간다고 말합니다(12절). "잡힌바 된"(κατελήμφθην, 카텔렘프뗀)은 καταλαμβάνω(카타람바노, 붙잡아 자신의 것으로 만들다)의 부정과거수동태입니다. "그리스도 예수께"(ὑπὸ Χριστοῦ Ἰησοῦ, 휘포 크리스투 예수)에서 보듯, 전치사 ὑπὸ(휘포)가 카텔렘프뗀과 함께 쓰여 이미 그리스도께서 바울의 마음과 의지를 다스리기 위해 거룩한 권능으로 그를 사로잡고 있음을 나타냅니다. 따라서 바울이 잡으러 달려가는 목표는 구원의 완성이며 더 나아가 바울을 이방인의 사도로 택하신 일까지 포함됩니다.

그리고 바울은 "앞에 있는 것"을 잡으려고 달려간다고 말합니다(13절). 여기서 "앞에 있는 것"(τοῖς ἔμπροσθεν, 토이스 엠프로스뗀)은 복수형으로 14절에 나오는 "푯대"(σκοπὸν, 스코폰) 단수형과 대조됩니다. 14절 푯대가 성도가 최종적으로 지향하는 바 곧 천국 소망·승리의 면류관(딤후 4:8)을 의미한다면 "앞에 있는 것"은 그 면류관에 이르는 과정에서 이뤄야 할 여러 일들 즉 더욱 성화된 삶이나 복음 전파 등 하나님 나라 확장에 속한 일들을 뜻한다고 볼 수 있습니다.

4. 이러한 불완전함에 대한 의식이 오히려 구원의 확신의 기초가 된다

　대부분 사람들의 야망은 '그리스도와 부활의 권능, 그 고난에 참여함을 알려 하는 것'과 정반대일 때가 많습니다. 그러나 어떤 이들은 '나는 불만족스럽다. 나의 불완전함과 죄를 인식하고 있다. 내게 마땅히 갖추어야 할 모습이 없다. 누가 나를 건져내랴?'라고 토로합니다. 이것이야말로 영적 생명이 있음을 보여주는 증거입니다. 이는 자신이 그리스도인인지 아닌지를 의심케 하는 게 아니라 오히려 진정 그리스도인이라는 증거입니다.

　우리 자신을 돌아봅시다. 나는 하나님 앞에서 어떤 사람인지, 지난 기간 무엇을 잡으려고 달려왔는지 살펴봅시다. 지금 나는 성화된 삶을 위해 달려가고 있습니까? 지금 '푯대를 향하여 달려가는' 사람입니까?

생각해 봅시다

1. 나의 가장 불완전 부분은 무엇일까요?

2. 푯대를 향해 꾸준히 달려가는 길에 가장 방해가 되는 요소를 생각해봅시다.

3. 오늘부터 푯대를 향해 더욱 힘차게 달려가기 위해 변해야 할 작은 습관을 바꿔봅시다.

28

믿음과 행위

빌립보서 3장 15~16절

"15. 그러므로 누구든지 우리 온전히 이룬 자들은 이렇게 생각할지니 만일 어떤 일에 너희가 달리 생각하면 하나님이 이것도 너희에게 나타내시리라 오직 우리가 어디까지 이르렀든지 그대로 행할 것이라."

여러분은 요즘 무슨 생각을 많이 하십니까? 교회에 대해서는 어떻게 생각하십니까? 바로 그 '생각'이 여러분의 교회 생활을 결정짓습니다.

바울은 '생각'이란 말을 무척 좋아합니다. 15절에서 이 단어를 두 번이나 사용했습니다. 2장에서도 서로를 생각하고 도우라고 권면하며 "너희 안에 이 마음(φρονεῖτε, 프로네이테, mind, 마음 또는 생각)을 품으라"(5절)고 했습니다. 로마서 8장 5절에서는 "육신을 따르는 자는 육신의 일을, 영을 따르는 자는 영의 일을 생각(φρονοῦσιν, 프로누신, mind)한다"라고 지적합니다. '생각'이란 말은 사람이 많은 시간을 들이고 중요한 결론을 이끌어내는 그 대상이 얼마나 중요한지를 보여줍니다. 생각의 대상을 잘 선택해야 합니다.

1. 믿음에 대하여 바른 생각을 가져야 한다

12절의 "내가 이미 얻었다 함도 아니요 온전히 이루었다 함도 아니라"는 절대식 의미이며 15절의 "온전히 이룬 자들은 이렇게 생각하라"에서 말하는 '온전히 이룬 자들'은 상대적 의미입니다. 그들은 성숙한 상태에 이른 사람들이며 그리스도인의 삶에서 매우 진보된 위치에 이른 사람들을 의미합니다. "이렇게 생각하라"(τοῦτο φρονῶμεν, 투토 프로노멘)는 '믿음에 대해 바른 생각을 해라'라는 뜻으로 우리 입장에 대해 전적으로 확실한 태도를 가져야 함을 뜻합니다. 바울은 지금까지 말해 온 것을 여러분도 동의해야 한다고 말하는 것입니다.

반드시 피해야 할 두 가지 오류가 있습니다. '그렇게 생각하지 말라'는 것입니다.

첫째는 유대주의자들의 오류로 할례를 받지 않으면 진정한 그리스도인이 아니라고 주장합니다. 요즘도 어떤 특정 의식을 꼭 해야 한다고 주장하는 극단적인 신앙인들이 있습니다. 이런 신앙을 가진 사람에게 '그리스도인답게 삶을 살라'고 권면해도 아무 소용이 없습니다.

둘째는 완전주의자들의 오류로 자신이 이미 완전한 상태에 이르렀다고 믿기 때문에 죄를 지어도 교묘히 변명하거나 아예 문제가 되지 않는다고 여깁니다. '하나님의 말씀에서 무엇이라고 말씀하시는가?'가 중요하건만 '지금 사정이 이러니 이렇게 할 수밖에 없다'라는 변명은 중요하지 않습니다. 만약 우리의 모든 입장 자체가 잘못되었다면 소망은 없습니다.

'그리스도인이 된다는 것이 무엇인가?'라는 질문을 받으면 우리는 이런 문제들에 대해 바른 생각을 지니는 것이 첫째 사실임을 바울은 강조합니다.

2. 우리는 그 믿음을 실천에 옮기고 그 믿음과 일치하는 방식으로 행해야 한다(16절)

"그대로"(τῷ αὐτῷ, 토 아우토)는 '같은 것에 의해'라는 뜻의 대명사 여격으로 NASB 성경에는 "by the same rule"(똑같은 기준에 의해)라고 번역됐습니다. "행할 것이라"(στοιχεῖν, 스토이케인)는 '일렬로 나아가다', '자기 행동을 맞추다'라는 의미입니다. 즉 이미 동의한 바른 믿음을 실제로 실행에 옮겨야 한다는 말입니다.

바울의 모든 서신을 보면 '이 믿음을 실천하지 않으면, 바른 믿음을 갖는 목적 자체가 없다'라고 말하고 있습니다. 바울은 '절대적으로 핵심적이고 지극히 중요한 것들'에 대해 확실해야 하며 여기에 대해선 논쟁이 필요 없다고 말합니다. 하지만 바울은 우리가 확실히 하지 못한 문제들도 있을 수 있다고 말합니다. "만일 무슨 일에 너희가 달리 생각하면"이라는 구절에서 성도의 삶이나 신앙의 일부 면이 확실치 않더라도 그 때문에 기독교 신앙을 놓치지 말고 행동으로 옮기라고 권면합니다.

우리가 확신하는 중요한 것들을 실천하면 하나님께서 나머지 진리를 보여주실 것입니다. 확실하지 않은 일에 대한 불필요한 논쟁으로 시간 낭비하지 말라는 것입니다. 그리스도인들이 한 번도 만장일치로 동의해 본 적 없는 문제들도 있습니다(교회 조직, 세례의 형태 등). 하지만 '이신칭의' 같은 핵심 교리는 모두가 진리로 인정합니다. 구원에 절대 필요한 것과 중요하지만 절대적이지 않은 것이 있음을 깨달아야 합니다. 이런 두 부류를 예리하게 분별하는 것이 그리스도인 삶의 지혜입니다.

분명 우리의 믿음이 행동을 좌우합니다. 바울은 '그렇게 생각했기' 때문에 지금 같은 삶을 살았습니다. 유대주의와 반도덕주의 오류에서 벗어났기에 그리스도에 대한 사랑과 열정으로 달려갔던 것입니다. 예배가 중요하다고 생각하면 일찍부터 준비해 정성껏 예배합니다. 헌금을 중요하게 여기면 미리 잘 마련해 드리려고 행동할 것입니다.

마찬가지로 무가치한 삶을 살고 마침내 멸망에 이르는 사람들의 행위 역시 결국 그들의 믿음에서 비롯됩니다(19절).

그들의 문제는 '땅의 일을 생각하는 것'이었습니다. 잘못된 믿음을 가진 사람들의 행위를 보면 그것이 그대로 드러납니다. 인간은 궁극적으로 자신이 믿는 바를 행동으로 표현하기 때문입니다. 요즘은 세상에 대한 욕심으로 하나님을 소홀히 할 때가 많아 예배 시간이나 헌금조차 아까워하는 경우가 있습니다. 그래서 결국 말씀과 신념, 원칙에 근거해 시작해야 하는 것입니다.

---- 생각해 봅시다

1. 요즘 무슨 생각을 하며 교회 생활하고 있나요? 그 생각이 나의 믿음과 행위를 어떻게 이끌고 있나요?

2. 내 안에 믿음과 삶이 일치하지 못하는 부분은 무엇입니까?

3. 확실한 믿음의 핵심은 무엇이라고 생각하나요? 그 핵심을 삶 속에서 어떻게 실천해야 할까요? 함께 고민해 봅시다.

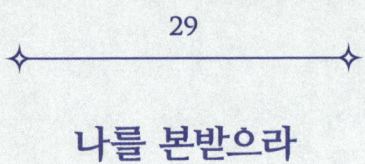

나를 본받으라

빌립보서 3장 17~19절

"17. 형제들아 너희는 함께 나를 본받으라 그리고 너희가 우리를 본받은 것처럼 그와 같이 행하는 자들을 눈여겨 보라 18. 내가 여러 번 너희에게 말하였거니와 이제도 눈물을 흘리며 말하노니 여러 사람들이 그리스도의 십자가의 원수로 행하느니라 19. 그들의 마침은 멸망이요 그들의 신은 배요 그 영광은 그들의 부끄러움에 있고 땅의 일을 생각하는 자라."

여러분은 스승의 날이 되면 찾아뵙고 싶은 존경하는 스승님이 계시나요? 본받고 싶은 인물이 있습니까? 대담하고 솔직하면서도 이론적인 방법으로 가르치는 바울은 자신이 말해온 바를 정말로 이해하고 싶다면 자신의 모범을 따르라고 합니다. 뿐만 아니라 빌립보 성도들의 선생 된 자들도 본받으라고 권면합니다. 에바브로디도와 디모데는 빌립보교회를 세우고 그들을 가르치는 일에서 바울을 도왔습니다(17절).

1. 좋은 모범을 따르라

"너희는 함께 나를 본 받으라"(Συμμιμηταί μου γίνεσθε, 쉼미메타이 무 기네스떼)라고 했습니다. 'γίνεσθε'(기네스떼, 너희는~되라)는 현재명령형으로 계속해서 이 일을 추구하라는 의미입니다.

바울은 육체적 자랑이나 교만에서가 아니라 반도덕주의자들의 방종과 반대되는 하나님의 선하심을 따라 살며 그리스도의 완전함을 닮고자 열심히 푯대를 좇아가는(3:7~14) 자기 모습을 모범으로 제시합니다.

예수 그리스도로 말미암아 구원받고 주님을 기쁘시게 하는 데 헌신한 바울은 "나를 본 받으라"고 청할 자격이 있는 사람이었습니다. 서신마다 종종 이렇게 말하지만 영적으로 건강한 사람 중 아무도 바울을 교만하다고 탓하지 않았습니다. 12절에서 볼 수 있는 그의 모범 "이미 얻었다 함도 아니고 온전히 이루었다 함도 아니나…" 자체가 겸손을 증거합니다.

"그와 같이 행하는 자들을 눈여겨보라"에서 "눈여겨보라"(σκοπεῖτε, 스코페이테)는 '주의를 집중하여 관찰하다'라는 뜻입니다. 즉 '우리처럼 믿음의 정진에 힘쓰는 사람들을 자세히 관찰해라'라는 것입니다. 궁극적 목표에 이르기 위해 애쓰는 성도에게 경건한 이들의 삶을 본받는 일보다 더 큰 도움은 없습니다. 말씀의 진리가 교리로만 그치지 않고 실천으로 옮겨지는 것을 보는 것은 중요합니다. 요즘 많은 성도들이 과거 위대한 성도들을 잘 모르는데 이는 교회의 역사에서 안타까운 일입니다.

2. 나쁜 모범들로부터 경고를 받아야 한다

좋은 모범을 따르는 일도 중요하지만 잘못된 삶의 예를 살펴 경고받는 것 또한 큰 유익입니다. 성경에는 가인, 소돔과 고모라, 불순종한 이스라엘 백성 등 수많은 경고 사례가 기록되어 있고 교회사 역시 마찬가지입니다. 이것들은 우리에게 유익한 반면교사들입니다.

3. 인간의 믿음과 행위에 대한 궁극적 시험은 십자가(18절)

자신들 행위로 하나님과의 관계를 바르게 할 수 있다고 주장하는 사람들은 '그리스도의 십자가의 원수'(τοὺς ἐχθροὺς τοῦ σταυροῦ τοῦ Χριστοῦ, 투스 엑뜨루스 투 스타우루 투 크리스투)입니다. 왜냐하면 사실상 그들은 그리스도의 십자가(σταυρός, 스타우로스)가 자신들을 구원할 수 없다고 말하기 때문입니다. 유대주의나 반도덕주 모두 마찬가지로 십자가의 정신(자기 부인, 마 16:24, 20:28)을 배격하는 자들은 십자가의 원수입니다(갈 6:14).

"내가 여러 번 너희에게 말하였거니와"라는 표현은 바울이 이미 여러 차례 반도덕주의를 경계해 왔음을 보여줍니다. "이제도 눈물을 흘리며 말하노니"라는 반복된 권면에도 불구하고 돌이키지 않는 자들에 대한 바울의 큰 슬픔을 나타냅니다. 십자가를 자랑으로 삼는 자는 '십자가만이 나를 구원한다'라고 고백합니다.

그러나 우리의 행위로 십자가의 원수가 될 수 있습니다(19절). 바울은 그릇된 삶을 사는 사람들에 관해 말합니다. "그들의 신(神)은 배"(κοιλία, 코일리아, 아랫배, 식도)라고 지적합니다. 즉 정욕과 육신 본능만을 섬기는 삶입니다. 당시 로마제국의 식탁이 얼마나 사치스러운지는 영화 등 매체를 통해 보실 수 있습니다. 로마제국은 식탁 때문에 망했다고도 할 수 있을 만큼 탐욕스러웠습니다. 이들은 천국에 대한 소망이 없으므로 단지 이 땅의 만족에 몰두할 뿐이었습니다. "땅의 일을 생각하는 자들"(οἱ τὰ ἐπίγεια φρονοῦντες, 호이 타 에피게이아 프로눈테스)입니다. 십자가와 그리스도를 입에 담지만 실제로는 세속적이고 비도덕적 생활을 하는 사람들입니다.

우리는 행위로 십자가의 원수가 되지 않도록 조심해야 합니다. 바울이 디도서에서 "주께서 자기 백성을 세우시고 깨끗하게 하셔서 선한 일에 열심 내게 하려 하신다"(딛 2:14 참조)라고 말했습니다. 예수님이 십자가에 죽으신 것은 죄악 된 세상에서 우리를 구속하시고, 선한 일에 열심인 자기 백성으로 만들기 위함입니다. 그러므로 만약 내가 선한 일에 열심을 내지 않고 죄악과 세속성에 빠져 전혀 선한 일에 관심이 없다면 십자가의 원수일 수밖에 없습니다.

십자가는 믿음과 신념 그리고 행위와 실천의 궁극적 시금석입니다. 십자가가 여러분에게 '생명'이고 '그리스도께서 우리를 위해 죽으셨다'라는 사실을 진실로 고백합니까? 또한 십자가로 구원받은 자답게 그 목적대로 '선한 일에 열심'을 내고 있습니까?

우리의 행위는 믿음을 드러내는 선포이자 진술입니다. 우리 행위는 십자가 앞에서 시험받습니다. 그러므로 바울을 본받아 위의 것을 찾아 열심히 전진합시다.

> "그러므로 너희가 그리스도와 함께 다시 살리심을 받았으면 위의 것을 찾으라 거기는 그리스도께서 하나님 우편에 앉아 계시느니라"(골 3:1).

—————— 생각해 봅시다

1. 존경하는 믿음의 선배가 있나요? 그들의 삶에서 본받고 싶은 모습은 무엇인가요?

2. 나쁜 믿음의 본보기를 떠올려봅시다. 무엇을 경계해야 할까요? 혹시 나도 그런 모습이 있지는 않은지 돌아봅시다.

3. 십자가의 정신이 내 삶에 나타나도록 기도하고 노력합시다.

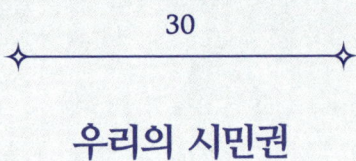

우리의 시민권

빌립보서 3장 20~21절

"20. 그러나 우리의 시민권은 하늘에 있는지라 거기로부터 구원하는 자 곧 주 예수 그리스도를 기다리노니 21. 그는 만물을 자기에게 복종하게 하실 수 있는 자의 역사로 우리의 낮은 몸을 자기 영광의 몸의 형체와 같이 변하게 하시리라."

빌립보서 3장은 위대하고 고상하며 놀라운 사실들로 가득 차 있습니다. 그것은 사도 자신의 체험에 관한 독특한 묘사들이며 몇 차례에 걸쳐 그리스도인에 대한 명확하고 분명한 정의가 실려 있습니다.

본문은 3장의 위대한 논증 가운데 말해온 모든 것의 요약으로 간주될 수 있습니다. 그러므로 본문의 두 절도 그리스도인이 된다는 것의 의미를 일깨워주는 또 하나의 말씀이라 볼 수 있습니다. 그는 빌립보 성도들에게 거룩한 삶을 살고 이 성화의 길을 달려가라는 마지막 호소를 하기를 갈망하기 때문에 여기서 전반적인 그리스도인의 위치를 이처럼 영광스럽게 정의하고 있는 것입니다.

1. 우리의 시민권(국적)은 하늘에 있다

4월 총선을 앞두고 각 당이 공천을 거의 마쳤습니다. 공천받은 사람들을 보니 아무래도 '친윤', '친명'에 속한 사람이 많습니다. 바울은 우리의 소속이 어디인지 밝힙니다. "그러나 우리의 시민권은 하늘에 있는지라"(ἡμῶν γὰρ τὸ πολίτευμα ἐν οὐρανοῖς ὑπάρχει, 헤몬 갈 토 폴리튜마 엔 우라노이스 휘팔케이). 여기서 먼저 "우리의"(ἡμῶν, 헤몬)라는 단어가 문장의 처음에 나와 있어서 앞부분의 '그들'과 대조시켜 그리스도인으로서의 자세를 강조하려는 의도를 보여줍니다. "시민권"(πολίτευμα, 폴리튜마)은 국가(state)라고 번역하는 것이 좀 더 정확하게 여겨집니다.

바울이 빌립보서를 기록할 당시 마케도니아 지방도 로마의 지배하에 있었지만 빌립보 시민들도 로마에 살지 않으면서도 여러 공로로 로마의 시민들과 동등한 권리를 누리고 있었습니다. 빌립보 성도들이 로마의 식민지에 살면서도 로마 시민과 같은 특권을 누렸지만 그들의 진정한 소속은 '하늘나라'라는 것입니다.

우리 역시 몸은 이 땅에 있으되 이 땅에만 속한 사람이 아닙니다. 어떤 의미에서는 구원받은 그리스도인은 이중국적자입니다. 이 위대한 표현을 접할 때 자주 통용되는 그리스도인에 대한 하찮은 정의들이 부적절하고 거의 무례하게 느껴집니다. 그리스도인의 삶을 단순히 좀 더 나은 선한 삶 정도로 보려는 것은 우리를 슬프게 하는 일입니다. 그리스도인은 이미 하늘의 처소에 그리스도 예수와 함께 앉아 있습니다.

> "긍휼이 풍성하신 하나님이 우리를 사랑하신 그 큰 사랑을 인하여 허물로 죽은 우리를 그리스도와 함께 살리셨고… 또 함께 일으키사 그리스도 예수 안에서 함께 하늘에 앉히시니"(엡 2:4~6).

우리는 영적인 의미에서 그곳에 있습니다. 당시 고난을 겪고 있던 빌립보 성도들에게는 이해하기 어려운 내용이었겠지만 성경이 그렇게 말합니다.

2. 이 시민권은 무엇을 의미하나?

우리는 충성을 바치는 왕이 있습니다. 믿음 없는 사람들은 본능과 욕망에 충성을 다하고 있습니다. 우리는 시간을 어디에 보내고, 돈과 정력을 어떻게 사용하느냐에 따라 무엇에 충성하는지 시험해 볼 수 있습니다. 사람의 보화는 마음이 있는 곳에 있고 마음은 보화가 있는 곳에 있습니다. 곧 인간은 자신의 신(神)이 무엇인가를 드러내게 되어 있습니다.

그리스도인의 왕은 하나님이며 주 예수 그리스도입니다. 그분이 우리의 삶에 지고한 위치를 차지하십니다. 그들은 하나님께 충성을 바칩니다. 그리스도인들은 자기 삶이 하나님께 지배를 받고 있으며 첫 번째 관심사가 하나님을 기쁘시게 하는 것임을 반드시 자각해야 합니다.

그리스도인은 다른 법 아래 삽니다. 사람은 죄와 사탄의 지배 아래 태어나고 점점 더 죄 가운데 빠집니다. 사탄은 사람들이 자기 지배에 묶여 있음에도 불구하고 자유롭다고 설득합니다. 그러나 그리스도인은 그러한 지배에서 벗어나 하나님의 나라에 속해 있습니다. 나라마다 관습과 규칙이 다르듯 하나님 나라와 사탄 나라는 본질적으로 다릅니다.

하나님 나라의 시민이 된 자는 삶에 대해 완전히 다른 새 개념을 인식하고 있습니다. 그 시민권은 다른 권리와 특권도 부여합니다. 우리는 왕이신 하나님의 보좌 앞에 나아가 간구하고 이룰 권리를 갖습니다. 성경은 하나님께서 자신의 백성들에게 특별히 관심을 갖고 계시다고 말합니다 (암 3:2, 마 10:30).

3. 이 같은 삶은 앞에 놓여 있는 소망 때문이다

하늘나라 시민은 주 예수 그리스도의 재림을 기다립니다. 우리의 삶이 힘들고 상황이 나빠질 수도 있으며 핍박을 겪을 수도 있지만 주님이 오시면 모든 것이 해결됩니다. 주님은 우리의 '낮은 몸'(τὸ σῶμα τῆς ταπεινώσεως, 토 소마 테스 타페이노세오스, 현재 상태인 약하고 죄에 빠질 수밖에 없고 언젠가는 죽을 수밖에 없는 몸)을 변화시켜 주십니다. 그리스도가 영광 중에 다시 오실 때 그리스도 안에서 죽은 자들은 부활된 몸으로, 살아 있는 성도들은 변화된 몸으로 휴거되어 공중에서 재림 주님을 맞이할 것입니다(살전 4:13~18). 재림 예수는 초림 시와 같이 초라하지 않고 만물을 그 발아래 복종케 하십니다. 다메섹 도상에서 바울이 빛의 충격에 땅에 엎드릴 수밖에 없었는데 바울은 우리가 미래에 그와 같은 영광의 몸을 입게 되리라 말합니다.

이것은 계속 나아갈 때 주어지는 삶입니다. "거기로부터 구원하는 자 곧 주 예수 그리스도를 기다리노니"라는 우리가 다른 것들을 기다리지 않는다는 뜻입니다. 그것은 인내하며 기다림, 열정적으로 갈망하고 고대하는 것을 의미합니다. 그리고 이 미래 소망에 상응하는 정결한 삶을 살게 될 것입니다(요일 3:2~3).

물론 시민권이 하늘에 있다고 해서 그리스도인이 이 세상 일에 관심을 전혀 두지 말라는 건 아닙니다. 중점은 '영적 관계가 우선'이라는 데 있습니다. 이 세상의 삶에 관심을 가지되 하늘 시민답게 곧 '이 땅에 있으나 이 땅에 속하지 않은' 방식이어야 합니다. 겉보기에는 사소해 보여도 심오한 의미입니다. 많은 찬송에 "이 세상은 내 집이 아니"라고 하는 것처럼 우리는 일시적 거주자임을 스스로 깨달아야 합니다.

── 생각해 봅시다

1. 우리의 진정한 소속이 하늘이라고 생각하고 살고 있습니까?

2. 하늘 시민으로서 이 땅에서 부딪히는 세상의 가치관은 무엇이 있을까요?

3. 주 예수 그리스도의 재림을 기다리는 소망이 있나요? 그 소망이 현재의 삶에 어떤 영향을 주고 있나요?

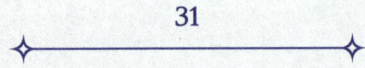

주안에서 하나 되라

빌립보서 4장 1~3절

"1. 그러므로 나의 사랑하고 사모하는 형제들, 나의 기쁨이요 면류관인 사랑하는 자들아 이와 같이 주 안에 서라 2. 내가 유오디아를 권하고 순두게를 권하노니 주 안에서 같은 마음을 품으라 3. 또 참으로 나와 멍에를 같이한 네게 구하노니 복음에 나와 함께 힘쓰던 저 여인들을 돕고 또한 글레멘드와 그 외에 나의 동역자들을 도우라 그 이름들이 생명책에 있느니라."

정부의 의대 정원확대에 반발해 전공의들이 사직했고, 의대 교수들의 사직 움직임도 확산 중입니다. 그런데 뇌혈관계 의사 1,300여 명은 '병원을 지키겠다'라는 성명을 2024년 3월 15일 냈습니다. 국민을 생각한 처사입니다.

바울은 빌립보교회에서 벌어진 사소한 문제를 전체 교회에 대한 교리적 배경 속에서 언급합니다. 그 문제는 빌립보교회 두 여인, 유오디아와 순두게의 갈등입니다. 이유는 알 수 없으나 이로 인해 교회가 시끄러워졌습니다. 교회를 사랑하고 보호하려는 바울은 그 문제를 어떻게든 다루어야 했습니다. 하지만 그는 이 싸움을 교회 전체 교리의 큰 그림 속에서 보도록 권면합니다. 아무리 작은 문제라도 큰 배경에서 고려해야 한다는 것입니다.

1. 성도는 누구인가?

성도는 서로에게 기쁨이며 면류관입니다. 바울은 빌립보 성도들에 대한 애정을 강조하려고 이례적으로 긴 호칭을 사용합니다. "나의 사랑하고 사모하는 형제들, 나의 기쁨이요 면류관인 사랑하는 자들아"(1절).

2. 교회의 과업은 '복음에 힘쓰는 것'이다

바울은 유오디아와 순두게를 "복음에 나와 함께 힘쓰던 저 여인들"(3절)이라고 말했습니다. 이는 빌립보서 첫 부분의 "첫날부터 이제까지 복음을 위한 일에 참여함"(1:5)을 떠올리게 합니다.

복음(εὐαγγέλιον, 유앙겔리온) 전파가 교회의 으뜸 과업이라는 점은 명백합니다. 이 세상은 죄와 사탄의 지배를 받으며 대적하고 모르는 중에 멸망을 향해 치닫습니다. 따라서 교회의 과업은 복음을 밝히 드러내고 세상 죄와 절망적 상태 그리고 구세주·유일한 구원의 길을 선포하는 것입니다.

바울은 직접 곳곳을 여행하며 복음을 전해 교회를 세웠고, 빌립보 성도들도 "그 일을 함께" 해왔습니다. 사도행전을 보면 사도들뿐 아니라 평범한 성도들도 핍박으로 인해 흩어지면서 도처에 복음을 전했습니다. 본문에서 말하는 두 여인과 클레멘트, 또 다른 동역자들이 그 증거입니다.

복음전파는 다양한 방식으로 이루어져야 합니다. 목사는 설교로, 성도들은 직장과 사업장에서 삶으로 보일 수 있습니다. 주변 사람들이 '뭔가 다르다'라고 느낄 때, 그때 복음을 설명하고 말씀을 들을 기회를 줄 수 있는 것입니다.

3. 교회 과업의 필수적인 것들

1) 그리스도의 '주 되심'을 깨달아야 합니다.

바울은 이 작은 여인들의 다툼을 언급할 때, "주님을 위해서"라고 말합니다. 자기 명성을 위해서가 아니라는 것이지요. 교회가 '내 교회'가 아니라 '주님의 교회'이기 때문입니다. 그분이 일의 시작(2:13)도, 진행도, 완성도 주관하십니다.

2) 주안에 서야 합니다.

"이와 같이"(οὕτως, 후토스)는 3장 후반부의 천국 시민론을 이어받아 "확고히 서라"(στήκετε, 스테케테)의 현재명령형으로 '계속해서 굳게 버티라'라는 뜻을 지닙니다. "깨어 믿음에 굳게 서서 남자답게 강건하라"(고전 16:13)도 같은 맥락입니다.

교회는 복음을 전해야 하고 교회가 그 사실을 확신하지 않으면 전할 수 없습니다. 주안에 굳게 서지 못하면 복음 자체를 갖지 못하게 됩니다.

3) 주 안에서 같은 마음을 품어야 합니다.

"마음을 품으라"(φρονεῖν, 프로네인)라는 '같이 생각하라, 의견 일치하라'라는 뜻으로 빌립보서에 11회 나옵니다. 다시 번역하면 '주 안에서 같은 것을 생각하라.' 교회가 전할 메시지를 두고 마음이 하나가 되어야 하는데 지금 유오디아와 순두게가 다투니 바울은 '그러지 말라'고 충고합니다. 사소한 갈등이 교회 전체 증거를 와해시키고 사역을 망칠 수 있기 때문입니다.

4) 주 안에 하나 되어 서로 도와야 합니다.

3절에 나오는 "나와 멍에를 같이 한 자", "복음에 함께 힘쓰던 저 여인들"이란 표현은 마치 두 황소가 한 멍에를 메어 쟁기질하는 그림입니다. 둘이 한 방향으로 힘을 모아야 성공하듯 우리도 서로 도우며 함께 일해야 합니다.

4. 과업 수행에 대한 격려(3절 하)

이것보다 더 큰 위로가 있을까요? 주께서 전도사역 후 돌아온 제자들에게 "귀신 항복보다 너희 이름이 하늘에 기록된 것으로 기뻐하라"(눅 10:17~20) 하신 말씀처럼, 성도에게 최대 특권은 "내 이름이 생명책에 기록"된 것입니다. 목사나 다른 누군가가 몰라도 하나님은 아십니다. 은밀히 보시는 아버지께서 반드시 상을 주십니다. 고린도전서 15장 58절은 "너희 수고가 주 안에서 헛되지 않는다"고 합니다.

교회 내 문제로 긴장할 때마다 성도가 어떤 사람인지를 다시 생각해 보고, 교회 본연의 복음전파 과업을 떠올려 강조하며 나갑시다. 그 일을 우리 모두가 "주안에서 하나 되어" 감당해야 합니다. 우리의 이름은 천국 생명책에 기록되어 있습니다.

─────────────────────────────────────── 생각해 봅시다

1. 교회 안에서 혹시 불편한 관계나 갈등이 있나요? 있다면 주 안에서 어떻게 화해 하고 하나 될 수 있을지 생각해봅시다.

2. 교회의 가장 중요한 과업은 무엇이라고 생각하나요? 복음 전파를 위해 구체적으로 어떤 노력을 기울일 수 있을까요?

3. '주 안에서 같은 마음을 품는 것'은 왜 중요할까요? 교회 공동체의 하나됨을 위해 무엇을 실천해야 할까요?

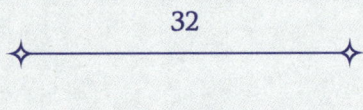

그리스도인의 기쁨

빌립보서 4장 4절

"4. 주 안에서 항상 기뻐하라 내가 다시 말하노니 기뻐하라."

요즘 여러분 삶에서 기쁜 일이 있었습니까? 초대교회 성도들의 가장 두드러진 특징 중 하나가 기쁨이었습니다. 예수님은 '세상이 빼앗아갈 수 없는 기쁨'을 약속하셨고(요 16:22), 신약성경 전체를 보면 기쁨이 충만합니다. 특히 빌립보서는 기쁨을 주제로 계속 강조합니다. 바울은 성도들이 무엇보다도 '기쁨을 소유하길' 바랐습니다. 그리고 그것이 바로 그리스도인의 유산입니다.

1. 기쁨의 본질

첫째로 '긍정적'입니다. 본문에서 바울이 "주 안에서 항상 기뻐하라 내가 다시 말하노니 기뻐하라"(Χαίρετε ἐν κυρίῳ πάντοτε· πάλιν ἐρῶ, χαίρετε· 카이레테 엔 퀴리오 판토테· 팔린 에로 카이레테)고 외치는 것은 마치 박자를 타듯 들립니다. 기쁨은 무관심이나 감정 억제가 아니라 능동적이고 긍정적인 반응입니다. 어린아이나 단순한 사람들은 기쁨·슬픔을 잘 표현하지만 나이 들면 심정을 숨겨 버리려 합니다. 그 결과 정말 기쁨을 느끼지 못합니다. 반면 바울이 말하는 기쁨은 능력과 생명, 환희와 영광을 갖춘 '긍정의 기쁨'입니다.

둘째로 '특별'합니다. 구원받은 성도도 불신자가 겪는 어려움을 똑같이 경험하고 그리스도인이어서 더한 고난을 당할 수 있습니다. 그래서 곧잘 낙심하기 쉬운데 바울은 "항상 기뻐하라"라고 명령합니다. 이것은 기독교 진리와 교리에 기초한 '주 안에서'의 기쁨이기 때문입니다. 본문에서 "주 안에서 기뻐하라"라고 말하는 것은 곧 1절에서 "주 안에 서라"고 말한 직후에 이어집니다. 주님 안에 뿌리내리고 주님이 주실 장차 영광을 생각하며 기뻐하라는 뜻입니다.

행복을 줄 수 있는 요인은 많지만 대부분 영속하지 못합니다. 어제 신문에서 "4년 만에 찾아온 반도체의 봄"이라며 삼성전자가 1분기 71조 원 매출, 영업이익 6조6000억 원을 냈다고 했지만(조선일보 2024.4.6), 4년 뒤에는 어떻게 될지 불안합니다.

바울이 말하는 건 이런 범용적 행복이 아니라 '그리스도인만의 특별한 기쁨'입니다. 그는 단순히 '행복'을 묻지 않고 '너희가 그리스도인이므로 기뻐해야 한다'라고 말합니다.

2. 기쁨의 장애물

1) 지적인 어려움

갈라디아서 5장에서 기쁨은 성령의 열매로 소개되지만 빌립보서 4장 4절에서는 "주 안에서 기뻐하라"라고 합니다. 갈라디아서 5장 22절에서 성령의 열매를 언급하기 전 갈라디아서 5장 16절에서 "성령을 따르라. 그러면 육체 욕심을 이루지 않는다"라고 했습니다. 한마디로 내가 스스로 기쁨을 만들어낼 수는 없으나 내 안에 계신 성령님의 지시를 따르면 기쁨의 열매가 맺힌다는 것입니다. 진리를 묵상함과 동시에 그 진리를 실행해야 합니다.

2) 주님과의 관계 실패

오늘날 많은 사람이 '주님의 기쁨'을 알지 못하는 건 자신이 영적으로 비참하고 죽어있음을 절실히 깨닫지 못했기 때문입니다. '구원의 절대 필요성'을 모르는 사람은 구원의 기쁨도 없습니다. 예수님은 산상수훈에서 "심령이 가난한 자, 의에 주리고 목마른 자"가 복이 있다고 했습니다(마 5:3, 6). 배부르게 될 사람은 영적으로 목마른 사람이고 끝없는 부를 얻는 이들은 '자신이 거지'임을 아는 이들입니다. 자신이 죄인임을 전혀 의식 못 하면 주님의 기쁨도 알 수 없습니다.

그리스도 안에서 기뻐하려면 우선 자신에 대해 '절망적으로 슬퍼'해야 하는 역설이 있습니다. 빈손으로 주님 앞에 나가는 것이 기쁨으로 가는 길입니다. "빈손 들고 앞에 가 나를 씻어주소서"(494장) 같은 찬양이 이 사실을 잘 표현합니다.

3. 어떻게 기쁨을 유지하나?

주님께 집중 못하게 하는 것들을 피해야 합니다. 주님을 바라보고 그분의 인격·사역·죽음·부활을 묵상하며 장차 이루실 사역도 살펴보십시오. '아무도 우리를 주님의 사랑에서 끊을 수 없다'라는 궁극적 소망을 늘 되새기십시오.

4. 이 기쁨이 계속 가능한가?

기쁨의 다른 모든 근원은 반드시 조만간에 우리를 실망시킬 것입니다. 사람들은 어리석게도 일에서 즐거움을 찾습니다. 늙거나 병들어 일을 못하는 상황이 올 수 있습니다. 어떤 일에 성공할 때만 행복하고 기뻐하는 사람들이 있습니다. 지치고 기력이 떨어져 일을 성공적으로 하지 못할 때가 많습니다.

우리를 실망시키지 않는 단 한 가지는 주안에서 기뻐하는 것입니다. 항상 영혼과 그 운명에 관심을 갖고 있기 때문입니다. 그리스도 안에 있기 때문에 세상이 결코 영향을 끼칠 수 없는 것들에 관심을 갖고 있는 것입니다.

이 기쁨은 다른 모든 권세들의 손길에서 벗어나 있습니다(롬 8:38~39). 실패하거나 죄 가운데서도 주안에서 기뻐할 수 있습니다. 만일 그리스도인이 죄에 빠진다면 성령께서 죄를 일깨워 주시기 때문에 우리는 비참함을 맛봅니다. 그리고 더 나아가 갈보리언덕으로 우리를 이끌어갈 것입니다. 그래서 우리의 죄를 씻음 받고 깨끗함을 맛보고 기뻐할 것입니다.

내가 부끄러움과 수치감, 뉘우침과 무가치함을 느끼고 나아갈 때 그분의 사랑이 크시기 때문에 나의 실패와 죄를 덮어주실 것입니다. 삶과 죽음, 죄와 실패 등 어떠한 환경에 처하더라도 주안에서 기뻐하십시오.

― 생각해 봅시다

1. 진정한 기쁨은 어디에서 찾을 수 있나요? 세상적인 행복과 어떻게 다른가요?

2. 기쁨을 잃게 만드는 가장 큰 장애물은 무엇인가요? 어떻게 그 장애물을 극복할 수 있을까요?

3. 어떻게 항상 기뻐하는 삶을 살 수 있을까요? 매일의 삶 속에서 기쁨을 발견하고 유지하기 위해 노력해 봅시다.

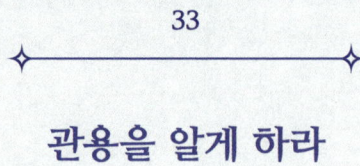

관용을 알게 하라

빌립보서 4장 5절

"5. 너희 관용을 모든 사람에게 알게 하라 주께서 가까우시니라."

기쁨과 관용 중 어느 쪽이 더 드러내기 어려울까요? 보통 어떤 진리를 '믿고 소유하는 것'보다 '실제 적용해 드러내는 것'이 훨씬 힘듭니다. "주 안에서 기뻐하라"라는 표현하라는 권면이고, "관용(寬容, gentleness)을 알게 하라"는 자제하라는 권면입니다. 기쁨은 주님을 바라보는 것이고, 관용은 주님을 닮는 것입니다. 그분 삶을 재현하라는 요구이지요. '관용'(ἐπιεικὲς, 에피에이케스)은 전치사 ἐπί(에피)와 '복종하다'란 뜻의 εἴκω(에이코) 합성어로, 문자적으로 '자신 우위성을 내세우지 않는다'라는 의미입니다. 부드러움·인내를 뜻하며, 여기서는 '넓은 마음으로 남을 품는 것'을 말합니다. 이는 하나님의 무조건 은혜로 구원받았음을 자각하고 곧 다시 오실 주님을 확실히 소망하기에 생깁니다. 관용이 없는 인격은 결코 온전치 않습니다.

1. 바울이 말하는 관용은?

1) 소극적 면

단순히 착한 본성이나 본능적 기질이 아닙니다. 해이·무기력·애매모호함 같은 것도 아닙니다. 이미 바울은 "주 안에서"라고 말해왔고, 관용해야 할 이들은 때로 대가를 치러도 "주 안에 굳게 서"야하니, 결코 타협주의자가 아닙니다.

2) 적극적 면

자기 정신을 스스로 통제한다는 뜻입니다. 자제와 인내로 쉽게 화내지 않고 자신의 권리를 끝까지 주장하지 않으며 이익을 끝까지 탐내지 않는 것입니다. 상대에게 '능동적 관심'을 갖고 자기 몫보다 더 적게 얻어도 괜찮아하는 것입니다. 성가시고 다루기 힘든 사람과 부딪힐 때 충격을 흡수해주는 기제가 있는 것입니다. 그들의 변명할 거리를 찾고 행동 양식을 설명해낼 길을 찾아주는 태도입니다. 기쁨과 슬픔 가운데서도 극단적으로 들뜨거나 깊게 가라앉지 않고 평정과 조화를 유지하려 합니다.

2. 우리 모두가 이 관용을 "모든 사람에게 알게" 하도록 부르심 받았다

바울은 특정 기질의 사람만을 염두에 둔 게 아닙니다. 타고나길 충동적이어도, 이 일은 가능합니다. 주님의 가장 큰 모범이 계시기 때문입니다(벧전 2:21~23). "모든 사람에게 알게 하라"(γνωσθήτω, 그노스떼토)는 수동 명령형으로 모든 영역에서 이 관용을 드러내도록 하라는 뜻입니다. 일터나 사업에서, 말씀 전할 때나 "주 안에 굳게 서" 있을 때도 관용을 보여야 한다는 말입니다.

3. 우리가 이 일을 할 수 있게 하는 바울의 격려

"주께서 가까우시니라"(ὁ κύριος ἐγγύς, 호 퀴리오스 엥귀스, The Lord is near)입니다. 이는 점점 세상과 그 방법에 무관심해지고 아주 다른 인생관을 품도록 해주는 표현입니다. 어떤 일이든 주께서 언제라도 재림하시고 우리가 순례자라는 사실을 기억해야 합니다. 오늘 여기 있더라도 내일은 없을 수 있으니 그걸 항상 염두에 두면 벌써 관용을 반 정도 이룬 셈입니다. 사람들은 '이 세상밖에 없다'라고 여기니 끝까지 싸우는 것입니다.

또한 '심판자는 주님'임을 깨달아야 합니다. 더 나아가서 우리는 우리가 보응이나 보복을 할 자격이 있다고 생각해서는 안 됩니다. 주님이 행악자들과 우리에게 그릇 행하는 자들을 심판하실 것입니다. 큰 어려움을 당했을 때 염려하지 마십시오. 즉시 보복해야 하겠다고 생각하지 마십시오.

이 땅에서 어떤 일을 겪고 어떤 일을 견뎌야 하든지 간에 주께서 가까우시며 우리를 위한 놀라운 상급을 준비하고 계십니다. 그분이 임하셔서 영광의 통치가 시작될 때에 우리는 그분과 함께 통치하고 그분의 기쁨과 영광을 함께 나누게 될 것입니다.

우리의 이름이 하늘에 기록되어 있다면 우리의 상급은 절대적으로 확실하게 보장되어 있습니다. 그러므로 우리의 삶 전체가 '주께서 가까우시니라'는 말씀에 근거해야 합니다. 주님 삶을 재현해야 합니다. '하나님의 큰 은혜를 받은 자'답게 넓은 마음을 가지며 세상 사람처럼 조급하지 맙시다. 주님을 바라보며 지혜를 얻읍시다.

— 생각해 봅시다

1. 관용이란 무엇이며 왜 필요한가요?
2. 관용을 실천하기 어려운 이유는 무엇인가요?
3. 주님께서 가까우시다는 사실이 우리가 관용하는 삶을 사는데 미칠 영향력을 생각해봅시다.

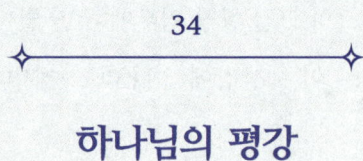

하나님의 평강

빌립보서 4장 6~7절

"6. 아무 것도 염려하지 말고 다만 모든 일에 기도와 간구로, 너희 구할 것을 감사함으로 하나님께 아뢰라 7. 그리하면 모든 지각에 뛰어난 하나님의 평강이 그리스도 예수 안에서 너희 마음과 생각을 지키시리라."

성경에 수많은 구절이 있지만 본문보다 하나님의 백성들에게 더 큰 위로를 주는 말씀은 거의 없습니다. 여기서 우리는 우리의 기쁨을 빼앗는 원인 하나를 발견할 수 있습니다. 그것은 환경 혹은 우리에게 일어나는 일들의 횡포라고 묘사할 수 있습니다.

초대교회 성도들은 매우 힘든 세상 한가운데 살며 많은 고난을 겪고 견뎌야 했습니다. 바울은 이 편지를 통해 그 고난을 극복하는 법을 알려 주고자 했습니다.

시편 기자는 "내가 누워 자고"(시 3:5)라고 말했습니다. 누구나 '눕는' 것 자체는 가능하지만 '정말 편히 잘 수 있느냐?'가 문제입니다. 시편 기자는 자신이 원수들과 곤란과 시련에 둘러싸여 있음을 묘사합니다. 그럼에도 불구하고 여호와를 신뢰하기 때문에 눕고 자며 아침에도 안전하고 건강하게 깰 수 있었다고 강력히 증언합니다. 이 문제만큼 우리의 신앙과 그리스도인 정체성을 철저히 시험하는 것은 없을 것입니다.

여러분은 기독교 신앙에 동의한다고 말할 수 있고, 성경을 읽고 그 교리를 어느 정도 받아들인 뒤 '믿습니다'라고 선언할 수도 있습니다. 그러나 그것이 모든 것이 불리하게 돌아가고 절망적 국면으로 치닫는 상황에서까지 기쁨을 지켜내고 승리하게 만들어주는 믿음과는 별개의 것일 수 있습니다. 지금 어려운 일들이 여러분 앞에 벌어지고 있습니다. 관건은 바로 그런 국면에서 여러분의 믿음이 '어떤 가치가 있느냐?' 하는 점입니다.

1. 먼저 피해야 할 것

"아무것도 염려하지 말라"(μηδὲν μεριμνᾶτε, 메덴 메림나테)고 말씀합니다. 이는 부정적 명령 곧 우리가 피해야 할 어떤 상태를 가리킵니다. '염려한다'(μεριμνᾶτε, 메림나테)는 '걱정으로 가득 차 있다'라는 뜻입니다. 통제 불가능한 대상에 대해 쓸데없는 근심에 빠져 미래의 짐을 미리 지며 스스로 마음을 괴롭히는 것입니다. 즉 어떤 일을 곰곰이 생각하고, 신경 쓰고, 안달하고, 속을 썩이는 '걱정'을 뜻합니다.

중요한 사실은 성경 어디에도 생활을 위한 합리적 계획을 세우지 말라거나 상식을 쓰지 말라고 가르치지 않는다는 점입니다. 성경은 게으름을 권장하지도 않습니다(살후 3:10). 따라서 여기서 말하는 '염려'는 지혜로운 대비가 아니라 근심, 조바심, 소모성 걱정 같은 것을 가리킵니다.

바울은 이 부정적 명령에서 그치지 않고 우리가 어떻게 이런 소모적 걱정과 근심 상태에 빠지는지를 알려줍니다. 그 '근심의 상태' 곧 불건전한 염려와 조바심을 일으키는 원인은 바로 '마음과 생각'입니다. 삶 안팎의 많은 문제들을 어느 정도 지배할 수는 있어도 마음과 생각만큼은 쉽게 지배하지 못합니다. '마음'은 단순한 감정의 자리(座所)가 아니라 인격의 핵심적 부분을 가리킵니다. '생각'(mind)은 '사고'라는 뜻으로 번역될 수 있습니다.

마음에는 감정이 있습니다. 사랑하는 사람이 병들었을 때 마음은 금세 작동합니다. 그 사람에 대한 관심과 사랑 자체가 근심의 원인이 되는 것입니다. 또 상상력도 문제입니다. 어떤 상황에 부딪히면 거기에 상상이 개입되면서 '오늘은 괜찮아도 내일은 어떡하지? 지금보다 더 안 좋으면 어떡하나?' 하며 괴로워합니다. 그러니 마음이 우리를 잠 못 들게 만들지요.

우리는 '생각'이 어떻게 작동하는지를 압니다. 마음과 생각이 통제권을 쥐고 우리 위에서 군림하는 폭군이 될 수 있습니다. 근심에 빠지면 추론하고 논쟁하고 각종 잡념에 쫓기느라 시간을 허비합니다.

2. 내적인 혼란을 피하기 위해 해야 할 일

불안의 위협을 받을 때, 바울은 단순히 '걱정하지 말라'는 데만 그치지 않고 "너희 구할 것을 하나님께 아뢰라"라는 긍정적 대안을 제시합니다.

첫째, 바울은 우리에게 기도하라고 말합니다. 여기서 '기도', '간구', '감사'를 구별해 쓰고 있습니다. 기도(προσευχῇ, 프로슈케)는 가장 포괄적 의미로 예배와 경배를 뜻합니다. 근심의 문제를 곧바로 하나님께 간구하려 들기보다 먼저 기도하고 예배하십시오. 하나님의 임재 안으로 들어가십시오. 당분간 여러분의 문제를 잊으시고 하나님 앞에 나아가 그분의 임재를 깨닫고 묵상하십시오. 그리고 그 과정에서 마음을 쏟아놓으십시오.

둘째, 기도 다음에는 간구(δεήσει, 데에세이)가 옵니다. 간구는 하나님께 특별한 필요를 요청하는 기도를 말합니다(엡 6:18). 경배와 예배 가운데 하나님께 나아간 뒤 이제 구체적이고 특별한 것을 하나님께 아뢰는 것입니다.

셋째, 만일 '하나님이 나를 기뻐하시지 않는다'라는 느낌으로 무릎 꿇고 있다면 오히려 일어나 나가는 편이 나을지도 모릅니다. 우리가 원망하는 태도를 가져서는 안 됩니다. 우리는 반드시 '감사함으로'(μετὰ εὐχαριστίας, 메타 유카리스티아스, '감사를 갖고') 하나님께 나아가야 합니다. 하나님께 감사드릴 적극적 이유들이 있기 때문입니다. 그분이 우리의 아버지이시며 머리카락을 세실 만큼 우리를 사랑하신다는 사실을 떠올리십시오. 우리는 하나님과 올바른 관계 안에서 그분에 관한 진리를 깨닫고 사랑과 찬양, 경배, 예배, 믿음으로 그분 임재 안에 나아가 우리의 구할 것을 아뢰어야 합니다.

3. 하나님의 은혜로운 약속

여기서 하나님은 '여러분을 염려케 하는 문제 자체'에 대해서는 아무 언급이 없습니다. 복음의 영광은 복음이 우리의 '환경'보다 '우리 자신'에 관심을 둔다는 점에 있습니다. 바울은 '그 문제가 실제로 일어나든, 일어나지 않든, 우리는 안전하다'라고 말합니다(7절). 그것이 바로 승리입니다. 나는 내 환경을 뛰어넘습니다. 우리는 흔히 환경에 지배당하지만 하나님은 우리가 '잠 못 이루게 하는 그것'을 제거하지 않아도, 절대적으로 안전하게 지켜주십니다. 그 결과, 그런 상황과 상관없이 평강을 누릴 수 있습니다.

바울이 말하는 핵심은 '기도하고 하나님께 구하면 하나님이 어떤 일을 해주신다'라는 것입니다. 그렇게 하는 주체는 여러분의 기도나 자신이 아니라 '오직 하나님'입니다.

'모든 지각을 초월하는 하나님의 평강'을 생각해봅시다. 우리는 이 평강을 다 이해할 수 없습니다. 그러나 그것은 그리스도 예수 안에 있는 "하나님의 평강"(ἡ εἰρήνη τοῦ θεοῦ, 헤 에이레네 투 떼우)이며, 하나님이 예수 그리스도를 통해 우리에게 임하시고 그리스도를 상기시켜 주심으로써 역사합니다(롬 5:10, 8:28, 32, 38, 39). 하나님이 자기 아들을 십자가에 내어주셨다면 우리를 버리실 리가 없습니다. 그러므로 이 "모든 지각에 뛰어난 하나님의 평강"이 그리스도 예수 안에서 우리의 마음과 생각을 지키는 것입니다.

4. 그 약속의 포괄성

"아무것도 염려하지 말고." 그 '어떤 일'인지는 문제가 되지 않으며 제한이 없습니다.

사랑하는 성도 여러분, 여러분을 무너뜨려 불안의 희생물이 되게 하고 신앙생활과 복음증거를 좀먹고 파괴하는 이 병적 염려를 모두 하나님께 아뢰십시오. 하나님과의 바른 관계 속에서 그것들을 간구하십시오. 그러면 여러분 마음과 생각에 일어나는 거대한 혼란이 더 이상 영향을 미치지 못할 것입니다. 여러분은 환경을 초월한 평강을 누릴 수 있을 것입니다.

━━━━━━━━━━━━━━ 생각해 봅시다

1. 요즘 가장 큰 염려거리는 무엇입니까?
2. 기도, 간구, 감사가 내 삶에 얼마나 자리 잡고 있는지 돌아봅시다.
3. 이해할 수 없는 상황 속에서도 하나님의 평강이 마음과 생각을 지킨다는 것을 경험한 적이 있으면 나눠보세요.

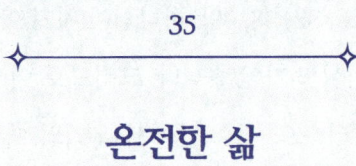

온전한 삶

빌립보서 4장 8~9절

"8. 끝으로 형제들아 무엇에든지 참되며 무엇에든지 경건하며 무엇에든지 옳으며 무엇에든지 정결하며 무엇에든지 사랑 받을 만하며 무엇에든지 칭찬받을만하며 무슨 덕이 있든지 무슨 기림이 있든지 이것들을 생각하라 9. 너희는 내게 배우고 받고 듣고 본 바를 행하라 그리하면 평강의 하나님이 너희와 함께 계시리라."

바울이 빌립보교회 성도들에게 하고 있는 일련의 권면의 마지막 부분에 이르렀습니다. "끝으로"(Τὸ λοιπόν, 토 로이폰, finally)라는 표현은 사도가 이 편지를 끝내기가 무척 힘들어하고 있음을 아주 분명히 보여줍니다. 그는 빌립보 성도들을 대단히 사랑했고 그들에게 마음이 끌렸으며 편지 쓰는 일도 무척 즐겼습니다.

본문의 말씀들은 우리 모두에게 아마 익숙할 것입니다. 실제로 어떤 성도들은 이를 액자에 넣어 걸어 두기도 합니다. 바울은 지금까지 그리스도인들이 어떤 삶을 살아야 할지를 여러 가지 방식으로 묘사해 왔는데 이제 본문에서 이를 종합적으로 정리하면서 '온전한 삶'이라 부를 수 있음을 보여줍니다.

1. 온전한 삶은 마땅히 생각할 것을 생각하는 삶이다(8절)

"무엇에든지"라는 말로 시작되는 여섯 가지 덕목을 부지런히 생각하라고 말합니다.

첫째는 참된 것입니다. "참"(ἀληθής, 알레떼스)은 거짓과 반대되는 개념으로 진리에 관한 것입니다. 하나님은 참된 것의 원형이십니다(롬 3:4). 하나님이 참되시기에 그의 자녀인 그리스도인은 생각에 거짓이 전혀 없어야 합니다.

둘째는 경건한 것입니다. "경건하며"(σεμνά, 셈나)는 인격적으로 '존경할 만하다'라는 뜻이 더 강합니다. 하나님 앞에서의 경건을 말할 때는 'ε ὐσέβεια'(유세베이아)라는 단어를 쓰는데(딤전 6:11) 여기서는 존경받을 만한 언행을 뜻합니다. 그리스도인의 언행은 책망받을 것이 없어야 하며 오히려 사람들의 존경을 받을 수 있어야 합니다.

셋째는 옳은 것입니다. "옳으며"(δίκαια, 디카이아)는 '의롭다'라는 뜻으로 '하나님의 기준이나 법을 충족한다'는 의미입니다. 예수 그리스도로 말미암아 의롭다는 선언을 받은 성도라면, 그 신분상의 의가 실제적 의로 삶 속에 드러나야 합니다.

넷째는 정결한 것입니다. "정결하며"(ἁγνά, 하그나)라는 '이것저것 섞이지 않은 순수함'을 나타냅니다. 그리스도인은 어떤 일을 하든 동기가 순수해야 합니다. 하나님을 섬기고 사랑해야지 다른 것들과 뒤섞여서는 안 됩니다. 빌립보 성도들은 이교나 반도덕주의자(3:18, 19)들로부터 끊임없이 부정의 유혹을 받았습니다. 요즘 그리스도인들도 종교다원주의, 자본주의, 번영신학 등 잘못된 가치관에 둘러싸여 세속화의 유혹을 받고 있습니다.

다섯째는 사랑받을만한 것입니다. "사랑받을만한"(προσφιλής, 프로스필레스)은 '기쁘게 하는', '매력적인', '사랑스러운'(lovely) 등의 뜻입니다. 그리스도인은 다른 사람에게 적대감이나 쓴 뿌리가 아니라 오히려 사랑과 화평을 일으켜 기쁨을 주는 매력적인 존재가 되어야 합니다.

여섯째는 칭찬받을만한 것입니다. "칭찬받을만하며"(εὔφημα, 유페마)라는 '좋은 소문이 나 있다'라는 뜻입니다. 거듭난 성도는 그의 생각이 칭찬받고 좋은 평판을 들을 만해야 합니다.

이러한 여섯 가지는 진정한 '덕'(德, ἀρετὴ, 아레테)이며 '기림'(찬양, ἔπαινος, 에파이노스)입니다. 바울은 조건절(εἴ τις, 에이 티스, '어떤 사람이 무슨 … 있든지')로 이 사실을 전제하면서 본문에 언급된 여섯 가지가 '덕'이자 '기림'임을 인정합니다. '덕'은 도덕적 탁월성을 가리키는 말입니다. 그리스도인이 이 여섯 덕목에 삶의 초점을 맞춘다면 그것은 단지 도덕적 탁월성일 뿐 아니라 '기림' 곧 찬양과 칭송의 가치도 지니게 됩니다.

온전하고 흠 없는 삶을 살려면 이러한 바른 생각을 지속적으로 품는 것이 참으로 중요합니다. 우리의 마음이 성경적 사고로 채워지는지 아닌지는 삶의 모습에 직결됩니다. 본문의 여섯 덕목이 우리의 영혼을 온전히 지배한다면 결과적으로 삶에 엄청난 변화가 일어날 것입니다.

2. 온전한 삶은 마땅히 행할 것을 힘써 행하는 삶이다(9절)

온전한 삶을 위해 바른 생각을 가지는 것은 매우 중요하지만 그것은 시작에 불과합니다. 마음속에서 생각하던 것이 밖으로 나타나야 하고 실제로 행동으로 이어져야 합니다. 바울은 9절에서 '행함'의 단계를 설명합니다. 본문에 나오는 네 개의 직설법 동사를 둘씩 짝지어 '배우고 받고'와 '듣고 본'으로 구분할 수 있습니다.

빌립보 성도들이 바울에게 배운 내용은 8절에서 말한 여섯 가지 덕목입니다. 그들은 바울로부터 이론적 지식을 얻었을 뿐 아니라 그것을 전적으로 '받아들였습니다.' 머릿속 지식만으로는 부족합니다. 가슴으로 받아들이고 그 속에서 열매 맺어야 합니다.

빌립보 성도들은 바울에게서 이론을 듣고 수용했을 뿐 아니라 그 이론이 바울의 삶에서 실제로 구현되는 모습을 보았습니다. 이론과 실제를 통해 배운다는 것은 매우 중요하지만 더 중요한 것은 '그것을 지속적으로 실천하는 것'입니다.

"행하라"(πράσσετε, 프랏세테)라는 현재명령형으로 바울의 가르침과 설교 그리고 직접 만나 깨달은 것을 계속 몸으로 행하며 이루라는 말입니다. 모든 그리스도인은 마땅히 배운 바를 생활 속에서 반드시 구현해야 합니다.

미연방 조폐국은 2022~2025년에 발행되는 25센트 동전에서 미국 사회에 공헌한 20명의 여성을 선정해 얼굴을 새기고 기리는 '아메리칸 위민 쿼터 프로그램'을 진행 중인데 한국계 미국인 장애인 인권운동가 스테이시 박 밀번이 그 대상으로 선정됐습니다.

밀번은 서울에서 주한미군 아버지와 한국인 어머니 사이에서 태어났고 지체 장애를 안고 있으면서도 장애인 인권운동에 헌신하다가 2020년 5월 신장 수술 합병증으로 서른셋에 세상을 떠났습니다.

그녀의 부모는 자녀가 '남들과 다른 처지'임에 주눅 들까 염려하여 성경 구절을 인용한 말로 늘 격려했습니다. "하나님께서 너를 만들어 이 세상에 보내신 건 뜻하신 바가 있어서란다." 밀번은 부모의 말을 통해 힘을 얻어 인권운동가의 길을 힘차게 걸었습니다(조선일보 2024. 4. 20).

이렇게 온전한 삶을 살 때, "평강의 하나님"(ὁ θεὸς τῆς εἰρήνης, 호 테오스 테스 에이레네스)이 우리와 함께하시는 복을 받게 됩니다. 7절에서는 "하나님의 평강"이라 했으나 본절(9절)에서는 "평강의 하나님"이라고 말합니다. 7절에선 기도와 간구로 하나님께 나아갈 때 "하나님의 평강"이 우리를 지켜주신다고 했고, 여기선 진리대로 살아갈 때 "평강의 하나님"

이 우리와 함께하신다고 말합니다. 특히 바울은 먼저 성도들이 구체적으로 행해야 할 미덕을 제시한 뒤, 그것을 지키고 실행할 때 결과로서 평강의 하나님께서 함께 계심을 언급합니다.

하나님은 언제나 성도들과 함께하시는 분이지만 그분의 평강은 기도하고 간구하는 사람 그리고 말씀을 듣고 순종하는 사람에게 임합니다.

1. 어떤 삶이 온전한 삶이라고 할 수 있을까요?
2. 온전한 삶을 위해 구체적으로 실천을 해야 할 일들을 생각해봅시다.
3. 온전한 삶을 살 때 주시는 하나님의 평강을 경험해본 적이 있나요?

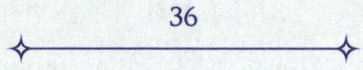

자족하기를 배우라

빌립보서 4장 10~13절

"10. 내가 주 안에서 크게 기뻐함은 너희가 나를 생각하던 것이 이제 다시 싹이 남이니 너희가 또한 이를 위하여 생각은 하였으나 기회가 없었느니라 11. 내가 궁핍하므로 말하는 것이 아니라 어떠한 형편에든지 나는 자족하기를 배웠노니 12. 나는 비천에 처할 줄도 알고 풍부에 처할 줄도 알아 모든 일 곧 배부름과 배고픔과 풍부와 궁핍에도 처할 줄 아는 일체의 비결을 배웠노라 13. 내게 능력 주시는 자 안에서 내가 모든 것을 할 수 있느니라."

여러분은 어떤 인생관을 가지고 계십니까? 바울은 앞서 1장(19~26절)에서 자신의 인생관을 피력한 적이 있는데 본문에서 한 번 더 그 인생관을 언급하고 있습니다. 다만 앞의 내용이 그대로 반복되는 것이 아니라 이번에는 다른 측면에서 서술되고 있습니다.

1장 19~26절에서는 바울이 자기 삶의 태도를 폭넓게 언급하면서 그리스도가 그의 삶의 중심에 계시고 다른 사람을 위해 살고자 하는 마음의 소원을 나타냅니다. 그러나 여기 본문에서는 주로 물질에 대하여 바울이 어떤 태도를 갖고 살아가는지를 보여주고 있습니다.

1. 그는 주 안에서 항상 기뻐했다(10절)

빌립보 성도들이 바울을 생각해 보내 준 선물로 인해 바울은 감사의 뜻을 전합니다. 사실 이 서신을 기록한 목적 가운데 하나가 빌립보 성도들에게 받은 선물에 대한 감사였지요. 빌립보 성도들은 과거에도 몇 차례 바울에게 선물을 보낸 적이 있었지만 한동안은 서로 연락이 끊기고 왕래도 없어 선물이 전달되지 못했습니다.

바울은 이를 그들의 사랑이나 관심이 식어서가 아니라 서로 기회가 닿지 않았던 탓으로 이해했습니다. 이제 다시 선물을 받게 되어 바울은 감사하는 마음을 표현합니다.

그런데 바울이 강조하는 바는 그들이 건네준 선물이나 관대함 자체가 아니라 빌립보 성도들로 하여금 바울을 기억하고 선물을 보내도록 이끄신 분이 주님이라는 사실입니다.

바울은 "내가 주 안에서 크게 기뻐함은…"이라고 말합니다. 바울이 참으로 기뻐하고 즐거워해야 할 이유는 오직 예수 그리스도 안에 있다고 본 것입니다.

여기서 바울의 놀라운 인생관이 드러납니다. 빌립보 성도들을 움직여 바울에게 선물을 전하게 하신 분이 바로 예수 그리스도시라는 사실을 바울은 알고 있었던 것입니다.

만약 사람이 초점이라면 누군가가 나에게 잘해 줄 때는 즐거워하다가, 조금만 서운하게 하면 금세 마음의 상처를 받을 것입니다. 그러나 모든 일을 그리스도께 비추어 본다면 좋을 때나 나쁠 때나, 즐거울 때나 슬플 때나, 언제든지 예수 그리스도 안에서 만족과 기쁨을 얻을 수 있습니다.

2. 그는 자족하기를 배웠다(11, 12절)

바울은 빌립보 성도들의 선물에 감사를 표하지만 그 감사를 자신이 궁핍해서 도움받았다는 뜻으로 해석하지 못하도록 선을 그어 둡니다. "내가 궁핍하므로 말하는 것이 아니라"라고 스스로 밝힙니다.

인간적인 관점에서 볼 때, 바울은 죄수 신분으로 물질적 여건이 상당히 어려운 상태에 있었습니다. 그러나 바울은 "어떠한 형편이든지 나는 자족(自足)하기를 배웠노니"라고 고백합니다. 경험의 학교는 모든 인생이 거쳐야 할 필수 과정인데 바울은 자신은 '제대로 배웠다'라고 단언합니다.

헬라어 문법상 필요 없는 ἐγώ(에고, '내가')라는 주어를 의도적으로 넣어 그가 스스로 터득한 것임을 분명히 나타냅니다. 바울은 그리스도의 부활 권능과 고난에 참여하는 체험(3:10)을 통해 그리스도의 능력을 체감했고 그 결과 외적인 환경의 영향에서 자유로운 삶을 살 수 있게 됐습니다.

바울이 배웠다는 "자족"(αὐτάρκης, 아우탈케스)은 자기 자신을 가리키는 대명사 'αὐτός'(아우토스)와 '넉넉하다, 충분하다'란 뜻의 'ἀρκέω'(알케오)를 합친 말로 '스스로 충분히 만족하는 상태'를 가리키고 신약성경에서는 여기서만 등장합니다. 지위나 환경, 처지 혹은 자신에게 일어나는 모든 일을 초월한 상태를 말하지만 그것이 바울 자신의 의지력이나 힘에서 온 것은 아닙니다.

스토아학파의 자족은 독립적이었다면 바울의 자족은 그리스도께 철저히 의존적인 형태였습니다. 바울의 삶은 철저히 예수 그리스도를 의지하고 그분을 중심에 둔 삶이었기에 그의 모든 것은 그리스도께서 공급하신 것이었습니다.

12절에서 바울은 자족의 구체적 의미를 언급합니다. 바울은 출생부터 로마 시민권자였고, 당대 최고 랍비 가말리엘에게 교육받아 상당한 부와 특권을 누렸던 사람입니다. 하지만 다메섹 도상에서 예수 그리스도를 개인적으로 만나고 나서 그의 인생 방향은 완전히 바뀌어 버렸습니다.

예수 그리스도 때문에 과거의 모든 것을 배설물로 여기고 그리스도를 위해 어떠한 고난도 감수하는 사람으로 변했습니다. 그래서 존귀와 비천함, 배부름과 배고픔을 다 체험했고 모든 환경 속에서 예수 그리스도를 의지하며 주어진 상황에 만족하는 법을 익혔습니다.

"비결을 배웠노라"(μεμύημαι, 메뮈에마이)는 신약성경에서 여기서만 쓰이는 표현으로, 수동태인 것을 볼 때 그 비법을 직접 전수해주신 분이 예수 그리스도라는 뜻을 암시합니다. 또한 11절에서 "자족하기를 배웠노니"에 쓰인 '배우다'(ἔμαθον, 에마쏜)는 체험을 통해 배운 것이고 여기서는 그리스도께서 가르쳐주신 비결임을 의미합니다. 결국 바울이 모든 상황에서도 자족할 수 있었던 이유는 바로 그리스도가 전수해주신 모든 비결을 터득했기 때문입니다.

히브리서 12장 2절 말씀대로 "믿음의 주요 또 온전케 하시는 이인 예수를 바라보자 그는 그 앞에 있는 기쁨을 위하여 십자가를 참으사 부끄러움을 개의치 아니하시더니"라고 바울은 증언합니다.

성경이 '가난에 머물러 있으라'라거나, '스스로 더 나은 상태를 만들지 말라'고 가르치는 것은 결코 아닙니다. '비천에 처할 줄도 알고'와 '풍부에 처할 줄도 안다' 중 어느 쪽이 더 어려울까요? 대체로 사람은 낮은 자리에 있을 때 오히려 하나님을 찾습니다. 하지만 부유하여 모든 것을 마음대로 할 수 있을 때 하나님을 잊기 쉽습니다. 바울은 부유함이 그를 하나님에게서 멀어지도록 하지 못했습니다.

실제로 물질로는 참된 만족이나 행복을 얻을 수 없습니다. 어떤 사람은 목표치를 정해 놓고 돈을 모은 뒤 그 목표를 달성하면 만족하리라 믿지만, 결코 그렇지 않습니다. 인간은 한 단계 더 높은 목표를 세워 계속 추구하기 때문입니다. 전설 속 '마이다스 왕'처럼 손에 닿는 모든 것을 황금으로 만들고 싶어 하는 것이 사람입니다. 물질로는 결코 만족이나 행복을 얻지 못합니다. 오직 예수 그리스도를 온전히 의뢰하고 지금 내게 주어진 환경 속에서 기뻐하고 만족할 때에만 참된 만족이 가능합니다. 어리석은 이는 자기에게 없는 것 때문에 늘 불평하고 원망하지만 지혜로운 사람은 자신이 가진 것을 누릴 줄 압니다.

우리 모두가 기억해야 할 예수님의 교훈이 있습니다. "내일 일을 염려하지 말라"(마 6:34). 물질이 부족하다고 너무 근심하거나 걱정하지 마십시오.

 생각해 봅시다

1. 현재 삶에 대해 어떤 태도를 가지고 있나요? 자족과 감사인가요, 불만족과 불평인가요?
2. 어떤 상황에서도 자족하는 비결은 무엇이라고 생각하나요?
3. 물질적인 풍요보다 그리스도 안에서 만족하는 삶을 위해 바꾸어야 할 마음가짐이나 삶의 모습을 생각해봅시다.

37

굉장한 진술

빌립보서 4장 13절

"13. 내게 능력 주시는 자 안에서 내가 모든 것을 할 수 있느니라."

조 바이든 미국 대통령이 미국산 무기를 이용한 우크라이나의 러시아 본토 공격을 일부 허용하기로 지난 2024년 5월 30일 미국 언론들이 보도했습니다. 러시아를 자극하고 전쟁을 확전시키지 않으려 그간 러시아 본토 공격을 금지해 왔는데 앞으로의 전쟁에 있어 중요한 결정으로 보입니다.

바울은 빌립보 성도들이 보내 준 선물에 대해 감사하면서 그보다 더 간절히 그들에게 보여주고 싶었던 사실이 있었습니다. 그것은 자신의 자족이 오직 그리스도 안에 있고 사람들이 자신을 기억하든 잊든 바울은 주 안에서 언제나 온전하다는 사실이었습니다.

이런 배경에서 오늘 본문을 살펴보면 이는 참으로 굉장한 진술입니다. 동시에 승리감과 겸손함을 아우르는 것이 특징입니다. 기독교의 진리는 역설적이라고도 할 수 있는데 본문은 기뻐하고 자랑하라고 하면서도 겸손하고 겸비하라고 권면합니다. 하지만 이는 모순이 아닙니다. 그리스도인의 자랑이 곧 자기만의 자랑이 아니라 그리스도 안에서 이루어지는 자랑이기 때문입니다.

1. 바울이 발견한 진짜 비결

그것은 자기 속에 쉼 없이 힘을 부어주시는 분 안에서 어떤 일에든 강해질 수 있다는 깨달음입니다. 그리스도가 최종적이고 궁극적인 요점입니다. 결국 그리스도인의 삶은 하나의 생명이며 능력이자 활동입니다.

우리는 종종 이 점을 잊곤 합니다. 그리스도인이란 본질적으로 새 생명을 받은 사람입니다. 단순히 선량하고 예의 바르며 도덕적인 사람이 아니라 하나님의 생명이 안에 들어와 생명과 능력을 지닌 존재인 것입니다. 그 점이 그리스도인을 그리스도인답게 만들며 바로 이것을 바울이 본문에서 말합니다.

이 구절을 잘못 해석하면 그리스도 안에서 무엇이든 다 해낼 수 있다고 생각하기 쉽습니다. 이를테면 바다를 육지로 만들거나 사막을 옥토로 변화시키거나 한순간에 미국으로 날아갈 수 있는 식으로 말이지요. 그러나 바울이 말하는 "모든 것"(πάντα, 판타)은 앞서 언급한 갖가지 '환경'을 의미합니다. 곧 삶의 과정에서 마주치는 다양한 환경을 가리키는 말입니다. 이 구절을 의역하자면 '내게 능력 주시는 분 안에서 나는 모든 환경을 극복할 수 있다'가 됩니다.

바울이 온갖 환경을 이겨내고 자족의 비결을 배울 수 있었던 이유는 그리스도께서 함께하시고 힘을 주셨기 때문입니다.

2. 그는 홀로 버려진 존재가 아니다

바울은 그리스도께서 자기 안에 큰 능력과 힘을 부어주심으로 자신이 강해지고 또한 일을 감당할 수 있다고 말합니다. 그는 거대한 악조건에 맞서 헛되이 싸우는 외로운 존재가 아닙니다. 그의 생명 안에 들어온 것은 바로 그리스도로부터 온 놀라운 능력입니다. 그 능력이 그를 움직이는 원동력이며 활동력이고 힘으로 존재하는 것입니다. 그래서 바울은 '이 안에서 내가 모든 것을 할 수 있다'라고 말합니다.

이는 분명 바울의 위대한 진술입니다. 여기에 감옥에 갇힌 사람이 있습니다. 그는 이미 숱한 고난을 겪었고 온갖 상황에서 낙심이 어떤 것인지 잘 아는 자입니다. 핍박을 받았고 조롱과 멸시를 겪었으며(1장에서 언급한 대로) 때로는 동료 사역자들로 인해 낙심하기도 했습니다. 그런데도 그는 담대하게 말합니다. '내 안에 끊임없이 능력을 불어넣으시는 분 안에서, 나는 굳건히 서서 모든 것을 견딜 수 있습니다.'

3. 우리도 바울처럼 말할 수 있는가?

우리는 어떻게 바울 같은 능력을 손에 넣을 수 있을까요? 많은 사람이 그 능력을 얻으려 애쓰다 일생을 다 보내기도 하지만 결국 손에 넣지 못하는 것 같습니다.

바울이 "내게 능력 주시는 자 안에서"(ἐν τῷ ἐνδυναμοῦντί με, 엔 토 엔뒤나문튀 메)라고 말했을 때, '나'와 '그분'의 관계를 제대로 깨닫지 못한 데서 오는 혼란이 하나의 이유라고 봅니다. '나'와 '그리스도' 사이의 바른 관계가 핵심입니다.

혼란이 생기는 첫 번째 이유는 '나'만 강조하는 경우입니다. 그것은 강한 의지력을 타고났고 오랜 시간 훈련하며 마음과 정신을 갈고닦을 수 있는 이들에게만 해당되는 교훈일 것입니다. 그런 삶을 살려면 백만장자이거나 매우 지적인 사람으로 태어나 오랜 기간 마음의 수양에만 전념할 만한 시간이 있어야 가능할 겁니다. 또 다른 오류는 '나'를 없애버리려는 태도입니다. 그리스도께서 내 다양한 능력과 기능을 쓰시지만 나는 개성이

사라져 버린 존재인 것처럼 말입니다. 그러나 실상은 그리스도께서 '나'를 사용하시는 것이 아니라 나의 음성과 머리, 마음과 손을 사용하신다는 의미입니다.

4. 이 능력을 어떻게 얻는가?

능력의 비결은 성경에서 그리스도 안에서 가능한 것을 발견하고 배우는 데에 있습니다. 우리가 해야 할 일은 그리스도께 나아가는 것입니다. 그분과 시간을 보내고 그분을 묵상해야 합니다. 그리고 그분이 말씀하신 바를 그대로 실천해야 합니다. 방해될 만한 것들을 멀리해야 합니다. 예를 들어 프로 골프 선수가 실력을 유지하려면 하루에 공을 대략 500개 정도 치고, 일주일에 세 번쯤 필드에 나가야 한다고 합니다.

그리스도인의 삶 역시 지름길이 없습니다. 다시 말해 바울이 8~9절에서 가르친 것을 실행하는 길뿐입니다.

우리가 이 모든 것을 행한다면 그리스도께서 우리 안에 당신의 능력을 부어 주실 것입니다. 이것은 말하자면 영적 '수혈' 같은 것입니다. 바로 이것이 그리스도인의 삶이 지닌 낭만입니다. 부디 여러분 삶에서도 그러한 체험이 있기를 바랍니다. 그분은 천상의 의사이시며 우리 형편의 모든 변화를 아십니다.

그리스도인의 생동감 있는 삶을 사십시오. 그분과 함께 시간을 보내고, 그분께 자신을 나타내시기를 구하십시오. 그리고 나머지는 그분께 맡기십시오. 그러면 그분께서 능력으로 동행해 주실 것입니다.

1. 자족의 진정한 근원은 무엇이라고 생각하나요? 세상적인 만족과 어떻게 다를까요?

2. 그리스도 안에서 "모든 것을 할 수 있다"라는 말씀의 참 의미를 다시 곱씹어봅시다.

3. 바울처럼 능력을 경험하려면 어떻게 해야 할까요? 그리스도와의 깊은 관계로 나아갈 수 있도록 하는 길이 무엇일지 고민해봅시다.

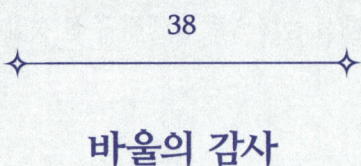

바울의 감사

빌립보서 4장 14~18절

"14. 그러나 너희가 내 괴로움에 함께 참여하였으니 잘하였도다 15. 빌립보 사람들아 너희도 알거니와 복음의 시초에 내가 마게도냐를 떠날 때에 주고 받는 내 일에 참여한 교회가 너희 외에 아무도 없었느니라 16. 데살로니가에 있을 때에도 너희가 한 번뿐 아니라 두 번이나 나의 쓸 것을 보내었도다 17. 내가 선물을 구함이 아니요 오직 너희에게 유익하도록 풍성한 열매를 구함이라 18. 내게는 모든 것이 있고 또 풍부한지라 에바브로디도 편에 너희가 준 것을 받으므로 내가 풍족하니 이는 받으실 만한 향기로운 제물이요 하나님을 기쁘시게 한 것이라."

은혜와평강교회가 어떻게 시작되었는지 아십니까? 사도행전 16장을 살펴보면 바울이 어떻게 빌립보교회를 세웠는지 잘 알 수 있습니다. 자색(紫色) 옷감 장사인 루디아와 옥에서 구원받은 간수의 가정을 중심으로 빌립보교회가 시작됐습니다. 열악한 여건 속에서 출발한 교회였기에 빌립보 성도들이 바울에게 쏟아준 관심과 사랑은 매우 각별했습니다. 다른 교회들은 바울을 물질적으로 돕는 데 별 관심을 보이지 않았으나 빌립보교회는 최선을 다해 바울을 도왔고 바울도 이에 대해 깊이 감사하고 있습니다.

1. 바울은 빌립보 성도들이 자신의 고난에 동참함을 인해 감사하고 있다 (14~16절)

1) 바울은 자신의 어려운 상황을 인정하고 있습니다.

바울은 직전(10~13절)에서 그를 강하게 하시는 예수 그리스도를 통해 어떤 상황에도 자족하는 비결을 배웠다고 말했습니다. 그렇지만 그렇다고 해서 그가 선물을 필요로 하지 않는다거나 물질적으로 여유 있는 생활을 한다는 뜻이 아닙니다. "그러나"(πλήν, 플렌)라는 부사는 그의 삶에 물질적 필요가 있음을 보여주고 있습니다. '그럼에도 불구하고'로 옮기면 좋을 듯합니다. 이 말에는 '빌립보 성도들이 보낸 헌금이 없어도 견딜 수 있었으나 그래도 보내 주셔서 감사합니다'라는 뜻이 들어 있습니다.

바울은 빌립보교회가 물질로 자신을 도운 것을 두고 "내 괴로움에 함께 참여하였으니"라고 표현합니다. 여기서 "괴로움"(θλίψις, 뜰립시스)은 바울이 현재 겪는 고통 즉 감옥살이와 관련된 어려움을 가리킵니다.

2) 바울은 빌립보교회가 과거에 그의 어려움에 동참했음에 대해서도 감사하고 있습니다.

빌립보교회가 이번에 처음 선물을 보낸 게 아니라 예전에도 보냈기 때문입니다. "복음의 시초에"(ἐν ἀρχῇ τοῦ εὐαγγελίου, 엔 알케 투 유앙겔리우), 곧 바울이 빌립보에서 복음을 전해 교회가 세워지던 때(행 16:11~34), 하나님의 뜻에 따라 데살로니가로 갈 때도 그들은 선물을 보냈습니다. 바울은 그들에게 복음을 주었고 그들은 바울에게 물질을 보내 '주고받는 일'에 참여했습니다(15절).

바울과 빌립보 성도들의 관계는 정말 아름다웠습니다. 바울은 그들에게 복음을 공급했고 그들은 물질적인 것들을 공급했습니다. 하나님의 일이 계속 전진하기 위해서는 물질적 지원이 매우 중요합니다. 하나님의 일을 위해 우선 '사람'이 필요하고, 다음으로 '물질'이 필요합니다. 사람이 자동차 운전사라면 물질은 연료에 해당합니다. 운전사가 있어도 연료 없인 차가 못 움직입니다. 직접 사역할 수 있는 사람은 생애를 드리고 직접 사역하기 어려운 사람은 물질로 참여함으로 하나님의 일이 멈추지 않고 전진할 수 있습니다.

2. 바울은 빌립보 성도들의 선물에 대해 감사하고 있다(17~18절)

1) 그들의 선물이 영적 성장에 유익하기 때문에 감사하고 있습니다.

바울은 14~16절에서 빌립보 성도들이 보낸 선물에 감사하고 나서 17절에 자신이 진정으로 바라는 바가 무엇인지 말합니다. "내가 선물을 구함이 아니요 오직 너희에게 유익하도록 풍성한 열매를 구함이라." 여기서 "너희에게 유익하도록"(εἰς λόγον ὑμῶν, 에이스 로곤 휘몬)이란 표현은 상거래(商去來)에 쓰이는 말입니다. 쓰인 'λόγος'(로고스)는 흔히 아는 '말씀'이 아니라 '계좌' 혹은 '계정'(account)을 뜻합니다. 또 '열매'(καρπός, 칼포스)는 비유적으로 '투자를 통해 얻는 이익 배당금'을 가리키는 말로 사용됐습니다. 요약하자면 바울은 빌립보 성도들의 선물을 그들 '계정'에 이익 배당이 돌아가는 '영적 투자'로 간주한다는 뜻입니다.

오늘날 우리가 주님께 물질을 드릴 때도 마찬가지입니다. 주님은 우리가 가진 물질이 필요하신 분이 아닙니다. 그럼에도 불구하고 물질을 드리길 원하시는 이유는 결국 '우리에게 유익'이 되기 때문입니다. 물질을 드림으로써 물질적으로나 영적으로 더 풍성해지도록 주님은 우리의 물질을 요구하시고 기꺼이 받으십니다.

2) 그들의 선물은 하나님께 드려지는 향기로운 제물이기 때문입니다.

바울이 빌립보교회의 선물을 받고 감사하는 또 다른 이유는 그 선물이 그들 자신에게 큰 영적 유익이 될 뿐 아니라 하나님이 열납하시는 제물이기도 하기 때문입니다(18절).

바울은 에바브로디도를 통해 빌립보교회가 보낸 선물을 받았고 그를 다시 돌려보내면서 '선물을 잘 받았다'라고 빌립보교회에 알립니다.

바울이 빌립보 성도들로부터 받은 것은 그의 필요를 채우기에 충분했기에 '풍부하다', '풍족하다'라고 말합니다. 넘칠 정도의 선물을 받은 사람은 먼저 바울이지만 궁극적으로는 하나님께서 그 선물을 받으십니다. 그들의 선물은 단지 바울을 기쁘게 한 게 아니라 하나님 앞에서도 향기로운 제물입니다. 여기서 말하는 '향기', '제물'은 모두 구약성경에서 가져온 개념입니다. 사람들이 제물을 드릴 때 하나님이 그 향기를 흠향하시는 것입니다.

바울은 여기서 중요한 원리를 가르칩니다. '하나님의 종들에게 행해진 것은 주인 되시는 하나님께 행해진 것'이요, '하나님의 자녀에게 드려진 것은 곧 하나님께 드려진 것'이라는 원리입니다(마 10:40~42).

바울의 감사는 단순한 감사가 아니었습니다. 빌립보 성도들이 전해 준 물질에 대한 감사이기도 하지만 동시에 복음 사역에 동참하는 일에 대한 감사였고 영적 성장과 하나님께 드려지는 제물에 대한 감사였습니다. 우리의 삶에서도 이렇게 주고받는 일이 충만해지길 바랍니다. 그래야 향기 나는 삶을 살며 하나님을 기쁘시게 하는 삶이 계속 이어질 것입니다.

———————————————————————— 생각해 봅시다

1. 여러분은 바울이 빌립보교회와 맺었던 것과 같은 아름다운 동역의 관계를 교회와 지도자들과 맺고 있습니까?

2. 헌금이 단순히 타인에게 주는 행위를 넘어 자신에게도 영적으로 유익한 일이라는 사실을 경험한 적이 있습니까?

3. 내가 가진 것 가운데 하나님의 나라를 확장하는 데 드릴 만한 것을 생각해봅시다.

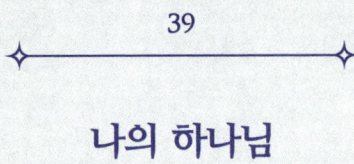

나의 하나님

빌립보서 4장 19~20절

"19. 나의 하나님이 그리스도 예수 안에서 영광 가운데 그 풍성한 대로 너희 모든 쓸 것을 채우시리라 20. 하나님 곧 우리 아버지께 세세 무궁하도록 영광을 돌릴지어다 아멘."

바울은 본문에서 빌립보 성도들을 격려하며 그들의 미래가 전적으로 안전하다는 사실을 일깨워 주고 있습니다. 그들에게 어떤 일이 일어나든 그들이 어떤 체험을 하게 되든 간에 모든 쓸 것이 풍성하게 채워지리라는 확신을 내비칩니다. 왜냐하면 만물이 하나님 자신으로부터 온전히 공급되기 때문입니다.

바울은 또한 이 모든 것이 "그리스도 예수를 통해"(ἐν Χριστῷ Ἰησοῦ, 엔 크리스토 예수) 임한다는 사실을 말해 줍니다. 그리고 우리는 바울이 이 모든 말을 표현하는 특별한 방식에 주목할 필요가 있습니다. "나의 하나님이 ~ 너희 모든 쓸 것을 채우시리라"(19절)라고 말하면서 빌립보서 1장 3절에서도 "내가 너희를 생각할 때마다 나의 하나님께 감사하며"라고 했듯이, "나의 하나님"(ὁ θεός μου, 호 떼오스 무)이라는 표현을 씁니다. 이는 신명기 5장 6절에 "나는 ~ 네 하나님 여호와라"(I am the Lord your God)라고 하신 말씀에 대한 응답이라고도 볼 수 있습니다.

1. 바울은 자기가 알고 있는 하나님에 대해 말한다

일부 사람들은 하나님을 제대로 알지 못하지만 무언가 강력한 존재가 있음을 막연히 믿습니다. 그러나 바울에게서 하나님은 실제적인 분이며 함께 일하시고 교제하며 대화하는 인격적 존재이십니다. 바울이 말하는 하나님은 철학적 개념의 하나님이 아닙니다. 물론 철학적 신개념이 존재합니다. 토마스 아퀴나스 등과 같이 합리적 논증으로 하나님의 존재를 증명하려 애쓰는 철학 학파도 있습니다. 그러나 바울이 말하는 하나님은 신학의 하나님만이 아닙니다. 불행히도 신학이라는 개념으로만 머무르는 하나님에 대해 언급할 수도 있습니다. 신학자들은 하나님에 관한 교리를 다듬고, 하나님의 여러 행동들을 정리할 수 있지만 그 하나님이 여전히 추상적으로 남을 가능성이 있습니다. 그러나 바울에게 하나님은 '나의 하나님' 곧 실제로 아는 실체였습니다.

2. 바울은 그 하나님을 사랑한다

바울은 하나님을 알 뿐 아니라 자랑스럽게 여겼습니다. 그는 하나님의 능력과 권세, 무한한 통치를 생각할 때, 공포가 아니라 친근함을 갖습니다. 바울에게 있어 하나님은 아버지 즉 '우리 주 예수 그리스도의 하나님이자 아버지'이십니다. 곧 우리의 하나님, 우리의 아버지이십니다. 이 때문에 바울은 하나님을 사랑합니다.

여러분은 하나님을 사랑하십니까? 혹은 그분을 우리 위에 군림하는 강력한 힘, 우리가 피할 수 없는 제약을 부여하는 어떤 존재로만 여깁니까? '나의 하나님'이라는 말은 사랑하는 사람이 상대를 소유하듯 일종의 소유 개념을 함축합니다. 하나님은 우리가 사랑해야 할 대상입니다.

3. 바울은 또 하나님의 속성에 관해 이야기한다

바울은 이 대목에서 하나님을 다른 신들과 비교하면서 정의합니다. 빌립보에 복음을 전하기 전까지, 빌립보 성도 대다수(유대인, 개종자 소수를 제외하곤)는 이교 배경에서 자랐습니다. 은이나 나무, 돌로 만든 신상을 숭배했고 다신교적 분위기 속에 있었습니다. 그런데 하나님은 유일하고 참되신 살아계신 신이십니다.

바울이 전도 여행 중 여러 도시에서 이를 자세히 설명합니다. 아덴에서의 연설을 보면(행 17장) 바울은 하나님이 금이나 은에 의해 형성된 신전 안에 거하시는 분이 아니라고 말합니다. 하나님은 영원하시고 창조주이시며 존재하는 모든 것을 지으시고 유지하시는 분입니다. 동시에 거룩하시고 능력이 영광스러운 '나의 하나님'이십니다.

하나님은 언약을 세우시는 분입니다(신 29장). 바울이 말하는 하나님은 미신이나 철학을 통해 이르는 신이 아니라 계시에 기초한 하나님이십니다(창 17:8). 그 언약이 아브라함에게서 시작되어 그리스도께서 오시기까지 계속 이어졌음을 바울은 신약성경에서 상세히 논합니다.

> "~ 내가 그들 가운데 거하며 두루 행하여 나는 그들의 하나님이 되고 그들은 나의 백성이 되리라"(고후 6:16).

4. 바울은 그의 하나님이 만물의 주인이므로 빌립보 성도들의 필요를 채우신다고 말한다

바울 자신은 아무것도 소유하지 않은 상태였지만 그의 하나님은 "영광 가운데 그 풍성한 대로"(κατὰ τὸ πλοῦτος αὐτοῦ ἐν δόξῃ, 카타 토 플루토스 아우투 엔 독세) 빌립보 성도들의 필요를 채우신다고 말합니다. 여기서 "영광 가운데"(ἐν δόξῃ, 엔 독세)는 미래 천국의 영광이 아니라 이 땅에서 하나님이 빌립보 성도들에게 풍성히 공급하실 때 나타나는 영광을 가리킵니다.

바울의 이 약속은 빌립보 성도들에게만 제한된 게 아니고 오늘날 그리스도를 통해 거듭난 모든 성도가 동일한 특권을 누릴 수 있습니다. 사람은 누군가에게 뭔가 주고 싶어도 물질이나 능력이 제한되어 있어 충분히 공급하지 못할 때가 많습니다. 그러나 하나님께는 그런 제약이 없습니다. 얼마나 감사한 일입니까?

바울은 하나님의 놀라운 은혜를 생각할 때마다 하나님께 영광을 돌릴 수밖에 없었을 것입니다(20절). 바울만이 아니라 하나님의 위대한 은혜를 맛본 모든 성도들은 '항상' 하나님께 영광 돌려야 합니다.

우리는 하나님 앞에서 완전한 절망감과 무기력감을 느껴 '나는 당신을 알 수 없습니다'라고 고백할 때가 있습니다. 바울이 한 대로 해보십시오. 하나님께 복종하고 신뢰하십시오. 그러면 여러분은 하나님을 알게 되실 겁니다.

하나님은 순종하는 자들에게 성령을 주십니다. 그리스도를 통해 하나님께 나아가 순종하고 헌신한다면 여러분은 그분을 '아바 아버지', '나의 하나님'이라 부르며 누리게 되실 것입니다. 그 하나님은 그리스도 예수 안에서 영광스럽게 우리에게 필요한 모든 것을 채워주십니다.

생각해 봅시다

1. 여러분이 경험한 하나님은 어떤 분입니까?

2. 하나님을 사랑한다고 고백할 수 있나요? 당신의 사랑은 어떻게 표현되고 있나요?

3. 삶 속에서 경험한 하나님의 공급하심을 나눠 봅시다.

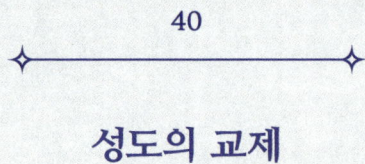

성도의 교제

빌립보서 4장 21~22절

"21. 그리스도 예수 안에 있는 성도에게 각각 문안하라 나와 함께 있는 형제들이 너희에게 문안하고 22. 모든 성도들이 너희에게 문안하되 특히 가이사의 집 사람들 중 몇이니라."

블라디미르 푸틴 러시아 대통령과 김정은 북한 국무위원장은 지난 19일 정상회담을 열고 양국 간 유사시 자동군사개입을 골자로 하는 '포괄적 전략 동반자 협정'을 발표했습니다. 이는 두 나라 중 한 곳이 전쟁 상황에 처하면 다른 나라가 군사 개입에 나선다는 의미이며 양국이 동맹관계임을 뜻합니다(조선일보 24. 6. 20).

바울은 자신이 머무르게 되는 모든 곳에서, 그곳에 있는 모든 그리스도인들을 위해 편지를 써 왔습니다. 오늘 본문에서 흥미로운 점은 바울이 초기 기독교회의 본질과 삶에 관해 제시하고 있는 유별나고도 아름다운 묘사입니다. 그것은 교제와 사랑, 친밀함과 이해라는 특별한 속성입니다.

신약성경 자체가 교회를 그리스도의 몸으로 묘사하고 있으며 서로 다른 지체들의 성격과 관계를 일깨워 주려고 자주 애쓰고 있습니다. 신약교회는 명백히 생명과 능력, 교제와 이해가 약동하는 교회였습니다. 신약성경에서 교회는 우선적으로 친교 단체입니다. 따라서 그 안에는 친밀함과 사랑이 넘치는 분위기가 존재합니다.

바울은 빌립보의 그리스도인들에게 로마에 있는 그리스도인들을 포함해 모든 성도들에게 문안하라고 말합니다. "성도에게 각각 문안하라"(Ἀσπάσασθε πάντα ἅγιον, 아스파사스떼 판타 하기온)을 원문으로 직역하면 '너희는 모든 성도에게 문안하라'입니다.

바울은 문안의 대상을 한정하지 않습니다. 즉 그리스도 예수를 믿는 모든 성도입니다. 로마에 있는 그리스도인들은 빌립보의 그리스도인들에게 인사를 전했습니다.

우리는 다른 그리스도인을 향해 이러한 특별한 관심을 갖고 있습니까?

세계 곳곳에서 고통당하고 있고 우리처럼 자유로이 예배드리지 못하는 수많은 그리스도인을 위해 생각해 본 적이 있습니까?

1. 어떤 사람이 그리스도인이 된다는 것의 의미

그리스도인이란 어떤 존재일까요? 바울은 '성도'(ἅγιος, 하기오스)라는 용어를 여러 차례 반복해서 사용함으로써 이에 대한 답을 제시합니다. 천주교에서는 특별한 신자를 '성인'(聖人)으로 구분하기도 하지만 신약성경의 가르침에 따르면 모든 그리스도인 곧 기독교회의 모든 구성원은 성도입니다. 성도는 구별된 거룩한 사람입니다. 전능하신 하나님이 세상에서 불러내어 구별하셨다는 뜻입니다.

우리는 본래 죄 가운데 태어나고 불의 속에서 존재했지만 하나님의 은혜가 예수 그리스도 안에서 우리에게 임해 우리를 붙들고 구별하셨습니다. 그렇게 우리는 하나님을 위해 따로 세운 거룩하고 특별한 백성이 됐습니다. 이것이 한 교회의 구성원에 대한 신약성경의 개념입니다. 따라서 성도는 거룩하고 경건한 삶, 즉 하나님이 보시기에 만족스러운 삶을 살고자 애쓰는 사람입니다. 이것이 곧 그리스도인이 된다는 것의 의미입니다.

2. 누구나 그리스도인이 될 수 있다

이 편지를 쓰는 바울은 유대인입니다. 그와 함께 있는 형제들은 누구일까요? 한 사람은 의사 누가요, 또 한 사람은 디모데입니다. 그 밖에도 여러 사람이 있습니다. 로마에서 일부는 유대인이었고 대부분은 이방인이었을 것이며 그중 일부는 실제로 가이사 집안에 속한 이들이었습니다. 그들 중 노예도 있었고 자유인도 있었고 황제와 연결된 귀족도 있었습니다(22절). 바로 이것이 교회의 본질이자 구조입니다. 이방인이든 유대인이든, 종이든 자유인이든, 남자이든 여자이든 모두가 그리스도 예수 안에서 하나가 됩니다. 그렇기에 누구나 그리스도인이 될 수 있다고 말할 수 있습니다.

우리는 하나님의 역사로 인해 그리스도인이 된 것이지, 기질이나 지력의 문제가 아닙니다. 이것이 기독교회를 지상에서 가장 '로맨틱'(Romantic)한 장소로 만듭니다. 이 진리 덕분에 모든 사람이 소망을 가질 수 있습니다. 경계 밖에 있는 자는 아무도 없습니다. 황제의 궁전에서조차 그리스도인이 생겨났다는 것은 얼마나 놀라운 일입니까?

바울이 사울이었을 당시 그가 그리스도인이 되었다는 말을 사람들은 잘 믿으려 하지 않았습니다. 하지만 그것이 복음이 행한 일입니다.

3. 인간은 어느 곳에서든지 그리스도인이 될 수 있다

"가이사의 집 사람들 중 몇이니라." 이는 가장 어려운 환경 속에 있는 그리스도인들을 가리키면서 어디서든지 그리스도인이 될 수 있음을 보여 줍니다. 그리스도인의 삶을 실천하기 위해 굳이 특별한 환경이나 조건을 갖출 필요가 없습니다. 가이사 집에 속한 이들은 노예이거나 고위관리였을 수도 있습니다. 그렇지만 복음이 가이사의 궁정 안에 있던 그들을 붙들었고 그들은 그곳에서 그리스도인으로서 삶을 증거 했습니다.

성경에 보면 가이사의 집에 있던 여러 그리스도인들이 등장합니다. 왕의 술 맡은 관원으로 섬겼던 느헤미야, 왕후 에스더, 고급관리였던 다니엘과 세 친구 등이 그런 예입니다.

오늘날에도 '가이사의 집'이라 할 만한 곳들에 그리스도인들이 있습니다. 그런 이들은 남다른 상황에 놓여 있음을 알아야 합니다. 예컨대 다른 이들보다 지적 수준이 높을 수 있고, 그 지적인 분위기 속에서 복음을 부끄러워할 유혹이 있을 수 있습니다. 또 야망 곧 자기 성공을 갈망하다가 원칙을 포기할 위험도 있습니다.

그러나 여러분은 각자 처한 자리에서 특별한 기회를 누릴 수 있습니다. 그럼에도 지켜야 할 원칙은 단 하나입니다. 언제나 그리스도께 충성하십시오. 그러면 잘못된 길을 갈 일이 없습니다. 그 후에 온 힘을 다해 달려가십시오. 그리고 복음을 전하고 알리는 데 지혜로우십시오(마 10:16).

"가이사의 집 사람들"은 그리스도께 충성했고 그 결과 많은 이가 죽임을 당하기도 했습니다. 그런데 기억하십니까? 가이사 자신이 그리스도인이 되는 일이 일어났습니다. 로마 황제와 관리들이 그리스도인들을 주목하면서 그들이 성도요 하나님의 백성이라는 것을 분명히 보았기 때문입니다. 그들은 주님의 이름 때문에 고난받는 것을 최고의 영예로 여긴 사람들이었습니다. 가이사의 집에 속한 일부에게는 남다른 위험과 남다른 기회가 동시에 주어집니다. 그러나 '그리스도께 충성하겠다'라는 절대적 원칙과 그렇게 충성할 때 수고가 헛되지 않으리라는 사실을 기억하십시오. 그러한 하나님의 백성 공동체의 일원이 되는 특권을 주시는 하나님께 감사하십시오. 그러할 때 교회 안에서든 전 세계적으로든 놀라운 성도의 교제가 펼쳐질 것입니다.

 생각해 봅시다

1. '성도'라는 말의 지닌 영광스런 의미를 나에게 적용해 생각해봅시다.

2. 교회 안에서 다양한 배경의 사람들이 어떻게 하나 될 수 있을까요? 차이를 넘어 그리스도 안에서 교제하고 있나요?

3. 세상 속에서 그리스도인으로서 어떤 자세로 복음을 증거하며 살아가야 할까요?

41

주 예수 그리스도의 은혜

빌립보서 4장 23절

"23. 주 예수 그리스도의 은혜가 너희 심령에 있을지어다."

본문은 바울이 빌립보 성도들에게 전하는 마지막 말입니다. 그러나 이는 단순한 편지의 형식적 결말이 아닙니다. 매우 소중하며 주 안에서 크게 사랑했던 이들을 위한 바울의 기도라 할 수 있습니다. 이것은 바울이 습관적으로 쓰는 상투적인 표현이 아니며 그가 의식 없이 문장을 구성하거나 신중하지 않게 의미를 부여하는 식의 결론과도 전혀 다릅니다.

바울은 이 마지막 기도에서 사람이 다른 사람을 위해 드릴 수 있는 가장 포괄적인 기도를 드리고 있으며 이 한 절 말씀 안에 빌립보 성도들을 향해 해왔던 모든 메시지를 요약하고 있습니다.

바울은 빌립보 성도들이 구원의 기쁨을 누리길 바랐습니다. 그들을 억누르는 여러 문제와 기쁨을 앗아갈 수 있는 다양한 요인들을 설명해 왔고 그 뒤 적극적인 권면을 한 이유는 다름 아닌 그들의 유익을 위해서였습니다.

바울은 그들이 주 예수 그리스도로 말미암아 얻게 된 구원을 최대한도 누리며 살기를 바랐습니다. 그렇다면 이것보다 본문의 말씀 "주 예수 그리스도의 은혜가 너희 심령에 있을지어다." 이 모든 사실을 더 잘 표현하는 구절이 어디 있겠습니까? 만약 여러분이 이미 그 구원을 소유하고 있다면 그 안에 다른 모든 것이 포함되어 있기 때문입니다.

1. 주 예수 그리스도의 은혜

우리는 자주 바울을 '믿음의 사도'라 부르지만 어쩌면 그보다 더 적절한 표현은 '은혜의 사도'일 것입니다. 은혜는 바울의 주요 주제이며 그는 결코 그 주제를 벗어난 적이 없습니다. 은혜는 받을 자격이 전혀 없는 자에게 베풀어지는 하나님께서 자발적으로 주시는 은총입니다. 이는 인간 안에 있는 훌륭하고 고상한 무언가에 대한 반응이 아닙니다. 오히려 인간 본연의 죄되고 연약한 모습에도 불구하고 하나님께서 복을 주시는 것이 은혜입니다.

빌립보서 전체에서도 "주 예수 그리스도"(κυρίου Ἰησοῦ Χριστοῦ, 퀴리우 예수 크리스투)라는 표현이 자주 등장함을 볼 수 있습니다. 바울의 신앙과 그리스도인의 삶 전체가 주 예수 그리스도 자신임을 보여주는 대목입니다.

바울은 그리스도가 없다면 아버지 하나님을 결코 알 수 없으리라는 점을 분명히 가르칩니다. 따라서 그는 그리스도를 언급하지 않고서는 마지막 인사를 건넬 수 없었던 것입니다.

"주 예수 그리스도의 은혜"(ἡ χάρις τοῦ κυρίου Ἰησοῦ Χριστοῦ, 헤 카리스 투 퀴리우 예수 크리스투)는 무엇을 뜻할까요? 구원의 방법을 간단명료하게 요약한 표현입니다. 바울은 앞서 빌립보서 2장(5~8절)에서 이를 완전히 고찰했듯이 구원의 출발이요 진행이며 믿음으로 인내할 수 있는 기초이자 구원의 궁극적 완성까지 보장해 주는 유일한 것입니다.

2. 너희 심령에 있을지어다

우리의 심령(πνεύματος, 프뉴마토스, spirit)은 본성 가운데 가장 고차원적인 부분입니다. 하나님과 교제할 수 있는 경로가 바로 영혼이기 때문입니다. 인간의 타락에도 불구하고 영혼은 우리와 하나님을 연결해 주는 고리 역할을 합니다. 영혼은 오직 하나님만이 채워줄 수 있는 완성을 요구하고 있으며 하나님 형상을 따라 창조되었다는 사실을 일깨웁니다. 만약 우리의 영혼이 궁극적으로 삶 전부를 지배한다면 주 예수 그리스도의 은혜가 그 영혼을 지배하는 것이 얼마나 중요합니까?

바울은 바로 이 점을 의식하고 "주 예수 그리스도의 은혜가 너희 심령에 있을지어다"라고 기도한 것입니다.

3. 주 예수 그리스도의 은혜는 우리의 영혼에 어떤 영향을 끼치는가?

첫째, 주 예수 그리스도의 은혜로 인해 우리는 기독교의 모든 은혜를 부여받게 됩니다. 고린도후서 8장 7절에서 바울은 "풍성한 은혜"를 언급합니다. 그러므로 주 예수 그리스도의 은혜가 여러분과 함께할 때 여러분은 그리스도인의 삶과 믿음, 소망, 사랑, 지식 그리고 이를 아우르는 모든 은혜를 소유하게 됩니다. 즉 '성령의 열매가 여러분 영혼 안에 나타나도록 기도합니다'라는 또 다른 말입니다.

둘째, 주 예수 그리스도의 은혜는 언제나 우리를 제어합니다. 우리가 어떤 그릇된 일을 시도하거나 영혼이 삐뚤어질 때 주님의 은혜가 이를 막습니다. 주님 스스로는 결코 잘못을 드러내신 적이 없습니다. 그분의 삶에서 평온, 자제, 조화, 완전함, 겸손 등 복음서에서 읽을 수 있는 모든 특징이 나타났습니다.

셋째, 주 예수 그리스도의 은혜는 서로 간 교제를 북돋습니다. 바울은 가난한 성도들을 위해 헌금을 하지 않았던 고린도교회 성도들에게 편지를 보내어 "그리스도께서 너희를 위하여 행하신 것처럼 너희도 가난한 형제들에게 책임을 다하라"라고 말합니다(고후 8:9~15). 주 예수 그리스도의 은혜는 우리가 이웃을 사랑하고 돌아보도록 촉진합니다.

넷째, 주 예수 그리스도의 은혜는 우리를 강하게 하고 유지시켜 줍니다. 빌립보 성도들은 심각한 시험과 환난 중에도 기쁨이 넘쳤습니다. 그것은 바로 주 예수 그리스도의 은혜가 그들을 강건케 하고 붙들어 주었기 때문입니다.

바울은 감옥에서든 파선으로 인한 위기에서든 환난 속에서든 그 사실을 증명하며 살았습니다. 주님의 은혜가 늘 그와 함께 있었습니다.

우리의 삶은 불확실합니다. 어떤 일이 벌어질지 알 수 없습니다. 그러므로 어떤 상황과 환경을 맞닥뜨리게 되더라도 주 예수 그리스도의 은혜가 충분합니다. 이 은혜가 여러분을 붙드시고 격려하며 환난 중에도 기뻐하도록 돕고, 모든 필요를 채워주어 인생을 돌파하게 하실 것입니다. 결국 하나님 앞에 흠 없고 온전하며 영광스럽게 설 수 있도록 인도해 줄 것입니다.

바울은 이 편지를 '은혜'로 시작해(1:1~2) '은혜'로 마무리합니다. 우리의 신앙생활이 시작될 때도, 그 유지 과정도 결코 은혜와 분리될 수 없습니다. 여러분 또한 이 땅을 떠나는 날까지 예수 그리스도의 더욱 풍성한 은혜를 체험하며 그 안에 거하시길 축원합니다.

─────── 생각해 봅시다

1. 값없이 주시는 '은혜'에 감격하고 있나요?

2. 우리 심령에 주시는 주 예수 그리스도의 은혜를 사모합시다.

3. 삶의 불확실성 속에서 어떻게 주 예수 그리스도의 은혜를 의지하며 살아갈 수 있을까요?

천국시민의 기쁨
바울이 빌립보교회에 보낸 메시지

초판 1쇄 인쇄 2025년 07월 07일
초판 1쇄 발행 2025년 07월 11일

저 자	변성규
발행인	최정기
기 획	박진필
디자인	문지연
발행처	고신언론사
	137-803 서울특별시 서초구 고무래로 10-5(반포동)
	전화 (02)592-0981 팩스 (02)595-0985

가 격   15,000원
ISBN   979-11-94316-03-9

이 책은 저작권법에 따라 보호를 받는 출판물입니다.
고신총회의 허락 없이는 무단전재와 복제를 금합니다.